धरती के ज़ख्म

कविताओं में प्राकृतिक संकट और समाधान

डॉ मुकेश अग्रवाल

notionpress
.com

अनुक्रम

मन की बात

धरती, जो हमारी जननी है, हमें जीवन का हर उपहार देती है–हवा, पानी, भोजन, और हरियाली। किंतु, क्या हमने कभी उसकी निःस्वार्थ सेवा का उत्तर स्नेह और सम्मान से दिया है? हमारी इच्छाओं और सुविधाओं की पूर्ति के लिए हमने उस पर अनगिनत घाव दिए हैं। यह काव्यसंग्रह, "धरती के ज़ख्म," एक ऐसी ही पीड़ा की पुकार है, जिसे हम सबने अनसुना कर दिया है।

पहले भाग "प्रकृति का विलाप" में धरती के उन स्वरों को सुना जा सकता है, जो अब तक मौन थे। हवा, नदियां, जंगल, वृक्ष, और आकाश–सभी के पास अपनी पीड़ा व्यक्त करने के लिए बहुत कुछ है।

दूसरा भाग "मानवता की भूलें" हमारी असंवेदनशीलता और अनजाने में की गई गलतियों का दर्पण है। यह हमारे उन कार्यों का वर्णन करता है, जो पर्यावरण को निरंतर क्षति पहुंचा रहे हैं।

तीसरा भाग "जीवन पर प्रभाव" हमें यह दिखाता है कि इन भूलों का दुष्प्रभाव केवल प्रकृति पर ही नहीं, बल्कि हमारे जीवन और भविष्य पर भी पड़ रहा है।

चौथा भाग "चेतावनी और समाधान" हमें सावधान करता है और बताता है कि अभी भी समय है, अगर हम सुधर जाएं तो धरती को पुनर्जीवित किया जा सकता है।

अंतिम भाग "सकारात्मक भविष्य की ओर" हमें एक आशा की किरण दिखाता है, जहां हरियाली लौटेगी, नदियां फिर से गुनगुनाएंगी, और प्रकृति का आंगन पुनः मुस्कुराएगा।

इस संग्रह की प्रत्येक कविता मेरे दिल की गहराइयों से निकली एक पुकार है। यह न केवल प्रकृति के प्रति प्रेम और सम्मान को

उजागर करती है, बल्कि मानवता को उसकी जिम्मेदारी का एहसास कराने का एक प्रयास भी है।

मैं आभारी हूं उन सभी प्रकृति प्रेमियों का, जिन्होंने धरती की रक्षा के लिए अपना योगदान दिया है। इस काव्यसंग्रह को पढ़कर यदि आपके मन में भी पर्यावरण के प्रति प्रेम और जागरूकता जागे, तो यह मेरी सबसे बड़ी उपलब्धि होगी।

आइए, मिलकर धरती के जख्मों को भरें और एक उज्ज्वल भविष्य का निर्माण करें।

डॉ. मुकेश अग्रवाल

भाग 1
प्रकृति का विलाप

हवा का दर्द

मैं हवा हूँ,
मुक्त, अछूती,
आकाश और धरती के बीच की अदृश्य धारा।
मैंने देखा है युगों को बदलते हुए,
महासागरों की लहरों को शांत होते हुए,
जंगलों के पत्तों को गुनगुनाते हुए।

पर आज मेरी गति थम सी गई है,
मेरे स्वर कराह में बदल गए हैं।
मेरा शुद्ध रूप, जो जीवन का आधार था,
अब विषाक्त धुएं में घुट रहा है।

पहाड़ों से उतरती मैं जब कभी गाती थी,
अब वही गीत चुभते हैं कानों में,
क्योंकि वे गूंजते हैं साथ में
कारखानों की चीखती ध्वनियों से।

क्या तुम सुन सकते हो मेरी सिसकी?
जो कभी फूलों की महक लाती थी,
अब उसमें जली हुई प्लास्टिक की गंध है।
जहाँ मैं बच्चों के खिलखिलाने का कारण थी
अब वहाँ खांसी और दमा का दर्द है।

मुझे याद है,
जब मैं नदी किनारे उड़ती थी,
मछुआरों की नावों से खेलती थी,
कपड़े सुखाने की रस्सियों पर
नृत्य करती थी।
पर अब नदियाँ भी चुप हैं,

उनका बहाव भारी हो गया है,
जैसे मेरे ही बोझ को उठाए चल रही हों।

कभी मैंने परिंदों के पंखों को सहलाया,
अब उनके पर मेरे विष से झुलसते हैं।
मैंने कभी प्रेमपत्रों को ले जाती थी
अब मेरे पास केवल राख है देने को।

तुमने सोचा, मैं अजेय हूँ,
पर मैं भी घुट सकती हूँ,
मैं भी थम सकती हूँ।
तुम्हारी शहरों की चिमनियाँ,
तुम्हारी लापरवाही,
मुझे धीरे-धीरे मार रही हैं।

मैं हवा हूँ,
मैं जीवन का आधार हूँ,
पर मैं तुम्हारे स्वार्थ की शिकार हूँ।
यदि मैं थम गई,
तो तुम्हारा अस्तित्व भी रुक जाएगा।

सुनो मेरी आवाज़,
यह मेरा विलाप है,
यह चेतावनी है।
मैं तुम्हें छोड़ना नहीं चाहती,
पर तुम्हारी करनी मुझे मजबूर कर रही है।

क्या तुम फिर से मुझे आज़ाद करोगे?
क्या तुम फिर से मेरी शुद्धता लौटाओगे?
या मैं भी इतिहास बनकर रह जाऊंगी,
एक कहानी, एक दुःखभरी दास्तां।

नदियों की सिसकियां

मैं नदी हूँ,
पहाड़ों के गर्भ से जन्मी,
धरती की धड़कन से चलती,
अनवरत बहती,
हर मोड़ पर जीवन का संगीत गाती।
कभी मैं खिलखिलाती थी,
चट्टानों से टकराकर चहकती थी,
अपने प्रवाह में बिछी रेत को चूमती थी।

पर अब,
अब मेरा स्वर बदला हुआ है।
मेरा संगीत दर्द बन गया है,
मेरी लहरें अब सिसकियों में तब्दील हो गई हैं।
मेरा स्वच्छ जल, जो कभी अमृत था,
अब काला ज़हर बन चुका है।

मैंने खेतों को सींचा,
पेड़ों को पाला,
गाँवों की प्यास बुझाई,
लेकिन अब मेरे जल से फसलें झुलस जाती हैं,
और प्यास बुझाने की जगह
सिर्फ़ बीमारियाँ लाती हूँ।

कभी मेरे किनारे बच्चे खेला करते थे,
उनकी हंसी मेरी लहरों के साथ बहती थी।
पर अब मेरे किनारे वीरान हैं,
उनकी जगह फैक्ट्री के कचरे के पहाड़ हैं।
वह कचरा,
जो मेरी आत्मा को चीरता है।

कभी मुझमें मछलियाँ नृत्य करती थीं,
अब वे मरी हुई पड़ी रहती हैं,
तैरती नहीं,
बस सतह पर स्थिर हो जाती हैं,
जैसे मेरी व्यथा को चुपचाप सुन रही हों।

मैंने सुना है,
तुम मुझे पूजते हो।
मेरे नाम पर दीप जलाते हो,
मेरे जल में अपनी श्रद्धा प्रवाहित करते हो।
पर क्या तुमने देखा है,
कि वही दीप अब मेरी आत्मा को जलाते हैं?
तुम्हारी पूजा का दिखावा
मेरे घावों को और गहरा करता है।

कभी मैं पर्वतों से उतरती,
तुम्हारे खेतों तक आती,
तुम्हारे घरों तक पहुंचती,
और फिर समंदर की बाहों में समा जाती।
पर अब मेरा प्रवाह टूट चुका है।
बांधों की दीवारें
अब मेरी यात्रा से रोकती हैं।
मेरे जल को चीरकर
तुमने उसे व्यापार बना दिया।

मुझे याद है,
जब मेरे किनारे पेड़ थे,
जो मेरी लहरों को सहलाते थे।
अब वहाँ सीमेंट की दीवारें हैं,
जो मेरी सिसकियों को भी कैद कर लेती हैं।

मैं आजाद थी,
पर तुमने मुझे जकड़ लिया।

मेरी सिसकियां सुनो,
मैं बस बहना चाहती हूँ,
जैसे प्रकृति ने मुझे बनाया था।
तुम्हारे विकास की यह अंधी दौड़,
मुझे विनाश की ओर धकेल रही है।

अगर मैं सूख गई,
तो तुम्हारी सभ्यता भी सूख जाएगी।
मेरे बिना तुम्हारे खेत बंजर हो जाएंगे,
तुम्हारे शहर प्यासे मरेंगे।
क्या तुम्हें यह अहसास है?
क्या तुम मेरी पुकार सुन सकते हो?

सुनो,
मैं नदी हूँ।
मैं जीवन हूँ।
लेकिन मैं भी थक चुकी हूँ।
मुझे बहने दो,
मुझे जीने दो,
ताकि तुम्हारा जीवन भी चलता रहे।

जंगल की खामोशी

मैं जंगल हूँ,
धरती की धमनियों में बहती हरियाली,
जीवन का आधार,
हर प्राणी का सहारा।
कभी मेरी शाखाएं झूमती थीं,
पत्तों की सरसराहट में
प्रकृति का संगीत बजता था।

मेरे आंचल में थे अनगिनत प्राणी,
चहकते, दौड़ते,
अपनी मर्जी से जीते।
मेरी मिट्टी में थी
एक अद्भुत सुगंध,
जो जीवन का आभास कराती थी।
पर अब,
मेरे हरे-भरे विस्तार में
सन्नाटा पसरा है।

वह कुल्हाड़ी,
जो कभी इमारतों की नींव रखती थी,
अब मेरे हृदय को चीर रही है।
वह आग,
जो कभी प्रकाश का प्रतीक थी,
अब मेरे अस्तित्व को भस्म कर रही है।

मैंने सदियों तक तुम्हें जीवन दिया,
प्राणवायु दी,
तुम्हारे घरों को लकड़ी दी,
तुम्हारी भूख मिटाने को फल दिए।

पर अब,
तुमने मेरे वक्षस्थल को नोंच डाला,
मेरे वृक्षों को काट डाला।

मैंने देखा है,
पक्षी जो कभी मेरे पेड़ों पर बसेरा करते थे,
अब दिशाहीन भटकते हैं।
जंगली जानवर,
जो कभी मेरे भीतर निडर विचरण करते थे,
अब शहरों के किनारे अपने लिए जगह तलाशते हैं।
उनकी आँखों में वह भय
मेरी आत्मा को चीरता है।

कभी मेरी मिट्टी से झरने फूटते थे,
अब वह बंजर हो चुकी है।
कभी मेरी छांव में
तुम्हारे खेतों को जीवन मिलता था,
अब वही छांव ढूंढने से नहीं मिलती।

क्या तुमने मेरी खामोशी सुनी है?
वह खामोशी,
जो किसी की मृत्यु से पहले होती है।
मेरे पेड़ अब नहीं झूमते,
वे चुपचाप गिरते हैं,
जैसे मेरे अंत की गवाही दे रहे हों।

तुम्हारे कंक्रीट के जंगल,
जो मेरी जगह ले रहे हैं,
वे तुम्हें जीवन नहीं दे सकते।
तुम्हारे फर्नीचर,
जो मेरी लकड़ी से बने हैं,

वे तुम्हारी आत्मा को सुकून नहीं दे सकते।

मैंने तुम्हें वह सब दिया
जो तुम्हारे अस्तित्व के लिए जरूरी था।
पर तुमने मुझे क्या दिया?
जलती हुई आग,
कटने का दर्द,
और एक खामोश मौत।

पर याद रखना,
जब मैं पूरी तरह खामोश हो जाऊंगा,
तब यह खामोशी तुम्हारे भीतर भी समा जाएगी।
तुम्हारी सांसें घुट जाएंगी,
तुम्हारे जीवन का संगीत भी थम जाएगा।

मैं जंगल हूँ।
मैं जीवन हूँ।
लेकिन मैं अब थक चुका हूँ।
अगर तुमने मुझे नहीं सुना,
तो यह खामोशी स्थायी होगी।
क्या तुम मेरी पुकार सुनोगे?
क्या तुम मुझे बचाओगे?
या तुम भी मेरे साथ खामोश हो जाओगे?

वृक्षों के आंसू

मैं वृक्ष हूँ,
धरती की छाती पर खड़ा एक प्रहरी,
जो सदियों से खड़ा है,
तुम्हारे लिए,
तुम्हारे जीवन के लिए।
मैंने तुम्हें छांव दी,
फल दिए,
पंछियों के लिए बसेरा दिया।
पर आज,
मैं खड़ा हूँ,
पराजित,
अश्रुओं से भरा हुआ।

क्या तुमने देखा है
मेरी शाखाओं को गिरते हुए?
उन पत्तों को,
जो कभी जीवन का प्रतीक थे,
अब मुरझा कर धरती पर पड़े हैं,
जैसे मेरी कराहती आत्मा का प्रमाण हों।

मेरी जड़ें,
जो कभी धरती की गहराइयों में
जीवन का जल पीती थीं,
अब सूख चुकी हैं।
तुम्हारे खेतों में जो हरियाली लहराती थी,
वह मेरे बलिदान से थी।
पर आज,
तुमने मेरा हर बलिदान भुला दिया है।

तुम्हारी कुल्हाड़ी,
हर वार के साथ मेरी आत्मा को चीरती है।
हर कटाव के साथ,
मैं चीखता हूँ,
पर मेरी चीखें सुनाई नहीं देतीं।
मेरी शाखाओं पर जो चिड़िया गाती थीं,
अब वे बेसहारा भटकती हैं।
उनके गीत खामोशी में बदल गए हैं।

क्या तुमने सोचा है,
जब मैं नहीं रहूँगा,
तब तुम्हारी सांसें कहाँ से आएंगी?
तुम्हारा संसार कितना सूना लगेगा?
क्योंकि मैं सिर्फ़ लकड़ी नहीं हूँ,
मैं जीवन हूँ।

मैंने तुम्हें फल दिए,
छांव दी,
मिट्टी को थामे रखा।
मैंने बारिश को बुलाया,
सूखे खेतों में हरियाली लाई।
पर अब,
मैं देखता हूँ,
कि तुमने मुझे केवल वस्तु समझ लिया है।

तुमने मेरे साथ व्यापार किया,
मेरे जीवन को कीमत में तोल दिया।
क्या तुम्हें पता है,
मेरी हर शाखा में जीवन था?
हर पत्ती में आशा थी?
अब वे सब बिखर चुके हैं,

जैसे मेरे आंसू धरती पर टपक रहे हों।

मैं देखता हूँ,
तुम्हारे शहरों को बढ़ते हुए,
मेरी जगह कंक्रीट के जंगल लेते हुए।
पर क्या तुम्हें पता है,
वे तुम्हें वह सुकून नहीं देंगे,
जो मेरी छांव देती थी?
उनमें वह शीतलता नहीं होगी,
जो मेरी शाखाओं की सरसराहट में थी।

मैं वृक्ष हूँ।
मैं धरती का अभिन्न हिस्सा हूँ।
अगर मैं गिर जाऊंगा,
तो तुम्हारा अस्तित्व भी गिर जाएगा।
क्या तुम समझ सकते हो
मेरे आंसुओं का दर्द?
क्या तुम मेरे आंसुओं को पोंछ सकोगे?
या यह धरती मेरे साथ रोती रहेगी,
अपने घावों को सहलाती रहेगी?

सुनो मेरी पुकार,
मैं तुम्हें चेतावनी नहीं दे रहा,
मैं एक विनती कर रहा हूँ।
मुझे बचा लो,
मुझे जीने दो,
ताकि तुम भी जी सको।

पृथ्वी का बोझिल दिल

मैं पृथ्वी हूँ,
तुम्हारी जननी,
तुम्हारी शरणस्थली,
तुम्हारी हर सांस की गारंटी।
सदियों से मैंने तुम्हें सहा है,
तुम्हारे बोझ को उठाया है,
तुम्हारे पापों को भुलाकर
तुम्हें हर बार नवजीवन दिया है।

लेकिन अब,
मेरा दिल बोझिल है।
हर कदम पर,
तुमने मुझे छलनी किया है।
मुझे रौंदा है,
मेरे सीने को चीर कर
अपना स्वार्थ बोया है।

कभी मेरे वक्ष पर
हरे-भरे जंगल थे,
जो मेरी धड़कनों को तेज करते थे।
अब वहाँ खड़े हैं
सूनसान शहरों के कंकाल।
मेरे आकाश को,
जो कभी स्वच्छ और नीला था,
तुमने धुएँ और जहर से भर दिया है।

तुमने मेरी मिट्टी को
जहर में बदल दिया।
हरियाली, जो कभी मेरा श्रृंगार थी,

अब धूल में दब चुकी है।
तुम्हारे कारखाने,
तुम्हारे वाहन,
और तुम्हारे हथियार
हर पल मेरे दिल पर नए घाव छोड़ते हैं।

क्या तुम समझ सकते हो
उस दर्द को,
जो मेरे भीतर बह रहा है?
वह दर्द,
जो हर नदी की सूखी धारा में है,
हर मरे हुए वृक्ष की जड़ में है,
हर लुप्त होते प्राणी की आंखों में है।

तुमने मुझे अपनी माँ कहा,
लेकिन मेरी कोख को लूट लिया।
तुमने मुझे अपने जीवन का आधार कहा,
लेकिन मुझे बर्बादी के कगार पर खड़ा कर दिया।
हर बार जब मैंने सहा,
तुमने और गहरा वार किया।
अब मैं थक चुकी हूँ।

क्या तुम्हें पता है,
मेरे बोझिल दिल का कारण?
यह तुम्हारे स्वार्थ की परतें हैं।
तुम्हारी लापरवाही,
तुम्हारा लालच,
और तुम्हारा असंवेदनशील विकास।
तुम्हारे सपनों के महल
मेरे आँसुओं पर खड़े हैं।
तुम्हारे ऐशो-आराम

मेरे रक्त से सने हैं।

क्या तुम नहीं देख सकते,
कि मेरा दिल अब टूटने की कगार पर है?
जब यह दरारें फैलेंगी,
तो तुम्हारा हर सपना
उसमें समा जाएगा।
तुम्हारे शहर,
तुम्हारे खेत,
तुम्हारे घर,
सबकुछ इस बोझ को सहन नहीं कर पाएंगे।

लेकिन,
अभी भी समय है।
मैं तुम्हें पुकार रही हूँ,
तुमसे विनती कर रही हूँ।
अपने कदमों को रोको,
अपने हाथों को थामो।
मुझे फिर से सांस लेने दो,
मुझे फिर से जीने दो।

मैं तुम्हारी माँ हूँ।
तुम्हारे बिना मैं अधूरी हूँ,
लेकिन मेरे बिना तुम भी अधूरे हो।
आओ,
मेरा बोझ हल्का करो।
मेरे दिल को फिर से धड़कने दो,
ताकि मैं तुम्हारे लिए
फिर से जीवन का संगीत गा सकूँ।

आसमान का गुस्सा

मैं आसमान हूँ,
अनंत, असीम,
तुम्हारी दुनिया की छत,
तुम्हारे सपनों का गवाह।
कभी मेरे नीले विस्तार में
तुम्हारी उम्मीदें पंख फैलाती थीं।
पर आज,
मैं क्रोधित हूँ।
मेरे भीतर अब वह धैर्य नहीं बचा,
जो सदियों से तुम्हारे पाप सहता आया।

क्या तुमने देखा है
मेरे बदलते रंगों को?
कभी मैं शांत नीला था,
अब मेरे भीतर भड़कते हैं
काले, सुलगते बादल।
वह गरज, जो कभी
तुम्हारे लिए वर्षा का संदेश लाती थी,
अब चेतावनी बन चुकी है।
मैं गर्जता हूँ,
तुम्हें चेताने के लिए,
तुम्हारे कानों में गूँजने के लिए।

तुमने मेरे सीने में जहर घोल दिया है।
तुम्हारे कारखानों का धुआँ,
तुम्हारी गाड़ियों की चिमनियाँ,
और तुम्हारे हथियारों की गूँज
हर पल मेरे विस्तार को चीरते हैं।
मैं सहता हूँ,

हर रोज तुम्हारी लापरवाही का भार।

मेरे भीतर,
कभी तारे चमकते थे,
चाँद मुस्कुराता था।
अब वह चमक मुरझा चुकी है।
तारे धुंध में छिप गए हैं,
चाँद ने अपनी मुस्कान खो दी है।
तुमने मेरी हवा को जहरीला कर दिया है।
हर सांस में अब
मुझे घुटन महसूस होती है।

क्या तुमने महसूस किया है
मेरी बेतहाशा हवाओं को?
वह आंधी,
जो तुम्हारे घरों को तोड़ देती है।
वह बाढ़,
जो तुम्हारे सपनों को बहा ले जाती है।
यह मेरा गुस्सा है,
मेरे आंसुओं का उफान है।
मैं बरसता हूँ,
तुम्हें सबक सिखाने के लिए,
तुम्हें याद दिलाने के लिए
कि मैं सिर्फ़ एक छत नहीं,
तुम्हारे जीवन का आधार हूँ।

तुमने मेरे बादलों को मजबूर किया,
कि वे अपनी मर्यादा भूल जाएँ।
तुम्हारे जंगलों को जलता देख,
मैं खुद को रोक नहीं पाया।
वह बिजली,

जो कभी तुम्हारे लिए रौशनी थी,
अब विनाश का प्रतीक बन चुकी है।

क्या तुम समझ सकते हो
मेरे गुस्से का कारण?
यह गुस्सा,
तुम्हारे लालच का परिणाम है।
तुम्हारे विकास के नाम पर,
तुमने मुझे नजरअंदाज किया।
तुमने सोचा,
कि मैं अनंत हूँ, अटूट हूँ।
पर सच यह है,
कि मैं भी सीमित हूँ।

अगर तुमने मेरे गुस्से को
अब नहीं समझा,
तो यह गुस्सा
तुम्हारी दुनिया को बदल देगा।
तुम्हारे शहर,
तुम्हारी फसलें,
तुम्हारे सपने,
सबकुछ इस गुस्से की भेंट चढ़ जाएगा।

लेकिन,
अभी भी समय है।
तुम्हें मेरी चेतावनी सुननी होगी।
मुझे वह सुकून लौटाओ,
जो कभी मेरे विस्तार में था।
अपने लालच को त्यागो,
अपने कदमों को संभालो।
ताकि मैं फिर से शांत हो सकूँ,

तुम्हारे लिए नीला,
सुकून भरा आकाश बन सकूँ।

मैं आसमान हूँ।
तुम्हारे जीवन का आधार।
मुझे संभाल लो,
ताकि तुम्हारा अस्तित्व बचा रह सके।

पक्षियों की बेआवाज़ उड़ान

एक समय था,
जब आकाश गूँजता था
उनकी चहचहाहट से।
सुबह की पहली किरण के साथ
जाग उठता था हर कोना
उनकी गीतमयी पुकार से।
पर अब,
उनकी उड़ान में
सिर्फ खामोशी बची है।
उनके पंख अब
हवा को चीरते नहीं,
सिर्फ सहमकर गुजरते हैं।

क्या तुमने देखा है
उनकी आँखों में छिपा दर्द?
वह जंगल,
जो उनका घर था,
अब कंक्रीट के जंगल में बदल चुका है।
वह शाखाएँ,
जहाँ वे विश्राम करते थे,
अब सूख चुका हैं।
हर घोंसला,
जो कभी उनकी उम्मीद था,
अब टूटकर बिखर गया है।

उनकी बेआवाज़ उड़ान
सिर्फ आकाश का सीना चीरती नहीं,
हमारे दिलों को भी भेदती है।
कहाँ गए वे मधुर स्वर,

जो कभी हमें सुकून देते थे?
अब तो केवल
सन्नाटे की गूँज है,
जो हर दिशा में फैलती है।

उनकी खामोशी
हमारी करतूतों की गवाही है।
तुमने देखा होगा,
वे शहरों के करीब आते हैं,
भोजन की तलाश में।
लेकिन वहाँ,
मिलती है सिर्फ़ प्लास्टिक,
जहर, और धुएँ का आकाश।
उनके पंख थक चुके हैं,
उनकी आत्मा बुझ चुकी है।

क्या तुमने महसूस किया है
उनकी बेबसी को,
जब उनके बच्चों को
भोजन नहीं मिलता?
जब उनके अंडे,
गर्मी से दरक जाते हैं,
या प्लास्टिक के ढेर में
दबकर नष्ट हो जाते हैं।
तुमने उनके गीत छीने हैं,
उनकी आज़ादी छीनी है।

वे आकाश के प्रहरी थे,
हमारे पर्यावरण के सच्चे साथी।
उनकी उड़ान में
जीवन का जादू था,

जो अब खो चुका है।
हर खाली शाखा,
हर सुनसान घोंसला
उनके दर्द की कहानी कहता है।

यह खामोशी
तुम्हारे लिए चेतावनी है।
अगर उनके पंख
हमेशा के लिए थम गए,
तो समझ लो,
तुम्हारा भी आकाश
अंधकारमय हो जाएगा।
क्योंकि उनके बिना,
तुम्हारा जीवन अधूरा है।

आओ,
उन्हें उनका आसमान लौटाएँ।
उनके घर, उनके घोंसले,
उनके गीत,
सबकुछ उन्हें वापस दें।
ताकि फिर से गूँज उठे यह धरती
उनकी मधुर आवाजों से।
ताकि उनकी उड़ान
फिर से आकाश में
स्वतंत्रता का परचम लहरा सके।

पक्षी,
जो कभी प्रकृति के गीत थे,
आज विलुप्त होने की कगार पर हैं।
उनकी बेआवाज़ उड़ान
हमारे भविष्य की गूँज है।

अगर हम नहीं जागे,
तो यह खामोशी
हमारी विरासत बन जाएगी।

सूरज की धुंधली रोशनी

सूरज,
जो कभी था जीवन का प्रतीक,
ऊर्जा का स्रोत,
उम्मीद की पहली किरण।
आज उसकी रोशनी
धुंधली पड़ गई है।
वह अब आकाश में
अपनी पूरी ताकत से नहीं चमकता,
उसका तेज अब
धुएँ और प्रदूषण की परतों में
दम तोड़ रहा है।

क्या तुमने महसूस किया है
उसकी किरणों की थकान?
जो कभी धरती को
जीवन से भर देती थीं,
अब वे अपने रास्ते में
रुकावटें पाती हैं।
हर साँझ का सूरज,
जो कभी लालिमा लेकर आता था,
अब स्याह धुएँ में लिपटा हुआ है।

यह धुंध,
तुम्हारी औद्योगिक सभ्यता का परिणाम है।
तुम्हारे कारखानों से उठते धुएँ,
तुम्हारी गाड़ियों की बेतहाशा दौड़,
तुम्हारी अंधाधुंध भस्मासुरी प्रगति ने
सूरज की चमक को चुरा लिया है।
वह जो कभी

तुम्हारे खेतों को सोने में बदलता था,
अब उन खेतों को
जलती हुई राख बना रहा है।

तुम्हारी धरती,
जिसे उसने पोषित किया,
अब गर्मी से झुलस रही है।
ग्लेशियर पिघल रहे हैं,
समंदर बढ़ रहा है,
और इस सबके बीच,
सूरज की किरणें
अपना रास्ता खोजने में असमर्थ हैं।

वह जो कभी
सूर्योदय का उत्सव था,
अब चिंता का कारण बन गया है।
सूरज का क्रोध
तापमान बढ़ा रहा है।
तुम्हारे शहरों की दीवारें,
जो उसकी गर्मी से बचाती थीं,
अब खुद तप रही हैं।
क्या तुम समझ सकते हो
उसकी चेतावनी?

उसकी धुंधली रोशनी में
एक दर्द छिपा है।
वह चीख रहा है,
अपनी किरणों के माध्यम से।
वह कह रहा है–
"तुम्हारे कांच के महल,
तुम्हारे लोहे के पुल,

तुम्हारे ऊँचे टावर
मुझे मेरे आकाश से दूर कर रहे हैं।
तुम्हारे लालच ने
मुझे बंधक बना लिया है।"

अब समय है
इस धुंध को हटाने का।
सूरज को उसकी चमक लौटाने का।
उसकी किरणों को
फिर से मुक्त करने का।
वह तुम्हारा साथी है,
तुम्हारा पोषणकर्ता।
अगर वह धुंधला हो गया,
तो तुम्हारा जीवन भी
अंधकारमय हो जाएगा।

आओ,
इस धुएँ और प्रदूषण को खत्म करें।
सूरज की धुंधली रोशनी को
फिर से उज्ज्वल बनाएं।
ताकि हर सुबह
नए सिरे से जीवन का गीत गा सके।
ताकि हर साँझ
सुकून और संतोष का प्रतीक बन सके।

सूरज,
जो जीवन का आधार है,
अब तुम्हारी जागरूकता का प्रतीक है।
उसकी रोशनी को बचाओ,
ताकि यह धरती
फिर से उसकी किरणों से
जीवंत हो सके।

समुद्र का क्रोधित स्वर

समुद्र,
जो सदा से शांत था,
जिसकी लहरों का संगीत
धरती की धड़कन से मेल खाता था।
आज वही समुद्र
क्रोधित है।
उसकी लहरों में
अब कोई लय नहीं,
सिर्फ अराजकता का नृत्य है।
वह चीखता है,
अपने विशाल हृदय से,
जिसे हमने अनसुना कर दिया।

क्या तुमने सुनी है
उसकी गहराइयों की गूँज?
वह पुकारता है–
  "क्यों किया तुमने
मुझे कचरे का ढेर?
क्यों मेरे जल को
जहर बना दिया?"
उसकी लहरें,
जो कभी जीवन का संदेश लाती थीं,
अब हर किनारे पर
अपने भीतर का कचरा उगलती हैं।

प्लास्टिक की चादर
उसकी सतह को ढँक चुकी है।
तेल के काले धब्बे
उसकी नीली चमक को लील चुके हैं।

मछलियाँ,
जो उसकी आत्मा थीं,
अब मृत पड़ी हैं
तैरती हुई–
एक चेतावनी,
एक सबक,
जो हमने अब तक नहीं सीखा।

उसकी गहराइयाँ
जो रहस्य और जीवन का भंडार थीं,
अब खाली हो रही हैं।
प्रवाल भित्तियाँ,
जो रंगों से सजी थीं,
सफेद और मृत हो चुकी हैं।
समुद्र का कोप
हमारी सीमाओं को तोड़ता है।
बाढ़, सुनामी, और तूफान–
क्या यह उसकी न्याय की भाषा है?

वह पूछता है–
  "क्यों तुमने मेरे किनारों को छीना?
क्यों मेरी लहरों से खेला?
क्यों मेरे भीतर
अपनी लालसा के जहरीले बीज बोए?"
उसका क्रोध
अब सीमाओं से परे है।
वह उठता है,
हर लहर के साथ,
जैसे कोई घायल योद्धा,
अपनी अंतिम लड़ाई लड़ने को तत्पर।

क्या तुमने महसूस किया है
उसके रोष को?
हर बार जब वह
तुम्हारे शहरों को निगलता है,
वह सिर्फ अपना हक माँगता है।
हर बार जब उसकी लहरें
तटों को तोड़ती हैं,
वह सिर्फ अपने घाव दिखाता है।
वह क्रोधित है,
पर उसकी क्रोध भरी आवाज
एक विनती भी है।

आओ,
उसके क्रोध को समझो।
उसके जल को शुद्ध करो।
उसकी लहरों को
फिर से संगीत में बदलने दो।
क्योंकि समुद्र सिर्फ क्रोध नहीं है,
वह जीवन है।
अगर हमने उसे खो दिया,
तो हमने सबकुछ खो दिया।

समुद्र,
जो धरती का हृदय है,
अब हमारा न्यायाधीश बन चुका है।
उसकी गहराइयों में,
हमारे भविष्य का प्रतिबिंब है।
क्या हम सुनेंगे
उसके क्रोधित स्वर को?
क्या हम उसे शांत करेंगे
या उसे और भड़काएँगे?
यह निर्णय हमारा है।

मौन होती पहाड़ियां

पहाड़,
जो सदा से बोलते थे,
कभी गरजते हुए,
कभी फुसफुसाते हुए,
अब चुप हैं।
उनकी चुप्पी में
कई सदियों का इतिहास समाहित है।
क्या तुमने कभी महसूस किया है
उनकी इस मौन की गहराई को?
वह अब हमें कुछ नहीं बताते,
उनकी चुप्पी
सिर्फ घना अंधेरा बनकर बैठी है।

पहाड़ों के भीतर,
कभी शांति थी,
कभी जीवन का गीत था।
उनकी घाटियों में
कभी नदी का संगीत गूंजता था,
अब वहाँ केवल खामोशी है।
वह हर बात,
हर आक्रोश,
अब अपने भीतर ही समेट चुके हैं।
उनके रोंगटे,
जो कभी आकाश से मिलते थे,
अब झुके हुए हैं,
जैसे वे खुद ही अपने अस्तित्व से
हैरान हो गए हों।

क्या तुम समझ सकते हो

उनकी चुप्पी का कारण?
क्या तुमने कभी महसूस किया है
उनकी चुप्पी में सुसुप्त दर्द को?
हमने उनके सीने में
मांग के सारे शिलालेख छिपा दिए।
हमने उनके जंगलों को काटा,
उनकी नदियों को रौंदा,
और अब वे खड़े हैं
सिर्फ खामोशी में।

एक समय था,
जब वे अपनी छांव में
सभी को सुकून देते थे।
अब उनकी छांव
कंक्रीट के जंगलों से ढक दी गई है।
उनकी ऊँचाइयाँ,
जो कभी मानवता के लिए मार्गदर्शन थीं,
अब खाली हैं।
अब वे हमें रास्ता नहीं दिखाते,
क्योंकि हमने
उनके रास्ते को ही बदल दिया है।

पहाड़ों की चुप्पी
समझने की जरूरत है।
यह उनकी हार नहीं,
हमारी खामोशी का परिणाम है।
हमने उनकी आत्मा को
संगीन कर दिया है।
हमने उनकी शक्ति को
उन्हीं के भीतर दफन कर दिया है।
वे अब अपना दर्द

चुपचाप सहेज रहे हैं,
ताकि हम उन्हें समझ सकें,
लेकिन हम चुप हैं।

क्या तुम जानते हो,
पहाड़ों की खामोशी
तुम्हारे भविष्य की चेतावनी है।
यह एक संकेत है,
जो कहता है–
"तुम मुझे तोड़ रहे हो,
तुम मेरी आत्मा को
मार रहे हो,
लेकिन ध्यान रखना,
मैं कभी नहीं मरता,
मैं एक दिन फिर उभरूँगा,
तुमसे कहीं ज्यादा शक्तिशाली।"

अब समय है
कि हम पहाड़ों के मौन को सुनें,
उनकी चुप्पी को समझें।
अगर हमने अब भी
उनकी आवाज़ को अनसुना किया,
तो वह दिन दूर नहीं,
जब उनका मौन
हमारे लिए
विनाश की घंटी बन जाएगा।

पहाड़,
जो जीवन के प्रतीक थे,
अब हमारी भूलों का साक्षी बन चुके हैं।
क्या हम फिर से उनकी आत्मा को

सम्मान देंगे,
या उनके मौन में खो जाएंगे?
यह प्रश्न है,
जो हमें खुद से करना है।

भाग 2
मानवता की भूलें

कचरे का शहर

कचरे का शहर है, जो बढ़ता जा रहा है,
सड़कों पर बिखरे अवशेषों की गवाही में,
हर कचरा एक कहानी कहता है,
अधूरी, अपूर्ण, घृणित।
यह शहर न कुछ हो सकता है, न कुछ होने की उम्मीद है।

यहाँ के लोग, ज़िन्दगी की आपाधापी में,
न दिखते हैं न महसूस होते हैं,
उनकी आँखों में एक लाचारी है,
जो न कभी खत्म होती है, न कभी शुरू होती है।
हर कदम पर उठते धूल के बादल,
जिन्हें कोई साफ़ नहीं करता।

सामने बड़े-बड़े बिलबोर्ड हैं,
सपनों की महक, झूठी चमक,
सारी दुनिया दिखती है एक पल में,
और फिर बुरी तरह से विलीन हो जाती है।
लेकिन इन कचरे में,
खुद के किए हुए फैसले दफन हैं।

कचरे के ढेर में,
कभी तो होगा एक आस,
पर यह कचरा, यह गंदगी,
हमारे द्वारा छोड़ी गई नींव है,
जो न हम परछती हैं न यह खुद।
जितनी बार इसे हटाने की कोशिश की,
यह उतना ही गहरा होता गया।

हमारी उलझनें,

हमारे आत्मविश्वास की तरह,
कचरे की तरह बिखरी पड़ी हैं।
हर किसी के भीतर कुछ न कुछ बेकार है,
कुछ तो खो चुका है, कुछ तो बिना मतलब है,
और इन सब के बीच हम जीवन जीने का सपना देखते हैं।

यह शहर हमें बताता है कि,
मनुष्य अगर अपने आप को न समझे,
तो यह शहर, यह कचरा, उसे समझा देता है।
यह सिखाता है कि जब तक हम अपने भीतर का कचरा साफ़ नहीं करेंगे,
तब तक बाहर का कचरा कभी खत्म नहीं होगा।

हमारे भीतर घनी चुप्प है,
जिसे शब्दों में नहीं, बल्कि कर्मों में बोलना चाहिए।
यह कचरे का शहर हमसे कोई सवाल नहीं करता,
वह हमें सिर्फ यही दिखाता है –
हमने इसे कैसे छोड़ा है,
अब इसे कैसे सहेजें, यह हम पर निर्भर है।

और शायद, यह समय है,
कचरे को फिर से साफ करने का,
लेकिन इस बार, कचरे को हटाने से पहले,
हमें अपने भीतर की गंदगी को पहचानना होगा।
तभी हम इस शहर को एक नई दिशा दे पाएंगे।

धुएं की परत

हर दिशा में एक धुंआ है,
जो हमारे भीतर से बाहर तक फैलता चला जाता है।
न कोई दिशा, न कोई रूप,
सिर्फ एक कुहासा, जो आंखों को चिढ़ाता है,
सांसों में घुल जाता है,
गहरी चुप्प में बेजुबान हो जाता है।

यह धुआं,
जो किसी दिन भी किसी जीवन का हिस्सा बनता है,
वह हमसे अनकहे सवाल करता है,
क्या तुम महसूस कर रहे हो,
यह जो तुम्हारे आस-पास फैल रहा है?
क्या तुमने कभी सोचा है कि,
यह धुआं सिर्फ हवा में नहीं है,
यह तो हमारे विचारों में भी रचा-बसा है?

हर घड़ी की सांस में,
यह धुआं अदृश्य रूप में समाया रहता है,
हमें यह दिखता नहीं,
लेकिन यह हमें अपनी उपस्थिति महसूस कराता है।
क्या तुमने कभी सोचा है कि
यह धुआं किस कारण से बढ़ रहा है?
क्या यह हमारी भूलों का परिणाम है?

यह धुआं किसी एक व्यक्ति से नहीं,
किसी एक समाज से नहीं,
किसी एक राष्ट्र से नहीं,
यह पूरे ग्रह से पैदा हो रहा है,
हम सब मिलकर इसे उत्पन्न कर रहे हैं।

हमारे छोटे-छोटे आक्रोश,
हमारी लापरवाहियाँ,
हमारी नासमझियाँ,
सभी मिलकर इसे हवा में घोल रहे हैं।

हमेशा कुछ न कुछ जल रहा है,
हमारे भीतर और हमारे बाहर,
हमारा जीवन, हमारा भविष्य,
सभी कुछ इस धुएं के नीचे छुपा है।
हम इसे इग्नोर करते हैं,
हमें लगता है यह बस एक और गर्मी का एहसास है,
लेकिन हम नहीं जानते,
यह हमारी सांसों का साथ दे रहा है,
हमारी धड़कनों में समाया हुआ है।

कभी सोचो,
अगर यह धुआं हमारी सोच का प्रतीक है,
तो क्या हम इसे साफ़ कर सकते हैं?
क्या हम अपनी आंखों में आंसू नहीं चाहते,
बल्कि एक नई रोशनी की तलाश में नहीं हैं?
क्या हम अपनी भूलों को पहचानने का समय नहीं लेंगे,
ताकि हम इस धुएं को हटा सकें?

समझो,
यह धुआं खुद नहीं उठता,
हम उसे अपने कृत्यों से उठाते हैं।
यह धुआं हमारे भीतर की गहराई को दिखाता है,
जहां नफरत, हिंसा, और द्वेष के बीज बोए गए हैं।
अगर हम इसे मिटा सकते हैं,
तो क्या हमें अपनी नज़रों की ताजगी वापस नहीं चाहिए?

धुएं की परत जितनी गहरी है,
हम उतने ही अधिक संघर्षों में फंसे रहते हैं।
पर क्या हमें यह स्वीकार करना होगा
कि हम इसे अपनी आदतों से निकाल सकते हैं,
अगर हम अपनी सोच, अपनी जीवनशैली बदलें,
तो यह धुआं अपनी परत छोड़ सकता है।

तभी, एक नया आकाश हमारे सामने होगा,
जहां धुंआ नहीं, बल्कि शुद्ध हवा होगी।
जहां एक साफ़ जीवन की उम्मीद होगी,
जहां हम अपने अतीत से सिखकर
एक नई शुरुआत कर सकेंगे।
और तब,
हम खुद को,
और इस दुनिया को,
धुएं की परत से मुक्त कर पाएंगे।

फैक्ट्रियों की घुटन

यह फैक्ट्री की दीवारें,
जो चौड़ी होती जा रही हैं,
उनकी छांव में एक सीलन है,
एक बासी गंध है,
जो फंसी हुई है हवा में,
न जाने कब से।
यहां हर तरफ मशीनों की आवाज़ें हैं,
जो इंसानी विचारों से भी तेज़ हैं,
लेकिन यह आवाज़ें,
आखिरकार चुप हो जाती हैं।
बस रह जाती है एक घुटन,
जो सांसों में समा जाती है।

हर दिन,
यह कारख़ाना एक नया चेहरा लेता है,
मज़दूरों की ताज़गी और उम्मीदें,
जैसे एक लहर की तरह
चली जाती हैं उन भारी दरवाजों के पार।
स्मार्ट मशीनें काम करती हैं,
इंसान की तरह,
लेकिन शायद इंसान अब मशीन हो चुका है,
उसकी उम्मीदें खत्म हो चुकी हैं।
बस घुटन है,
और इस घुटन में एक अनकहा सच छिपा है,
जो शायद हम भूल चुके हैं।

यह फैक्ट्री,
जो हमेशा चलती रहती है,
लेकिन कभी नहीं रुकती,

कभी नहीं सोचती,
क्या यही सच है?
क्या यही मनुष्य का उद्देश्य है?
हर शरीर यहां घिसता है,
हर हाथ लहराता है,
लेकिन क्या कोई आवाज़ है,
जो कह सके कि यह रुक जाए?
क्या कोई दिल है,
जो यह कह सके कि यह तरीका सही नहीं है?

यहां,
यहां हर चीज़ का वजन है,
हर एक वस्तु का मूल्य है,
लेकिन आदमी का मूल्य,
कभी भी असल नहीं होता।
मशीनों के अंदर,
मशीनों के आसपास,
यह इंसान एक अदृश्य धारा सा बहता रहता है,
कभी न पहचान में आता है,
कभी न पहचाना जाता है।

वह देखता है,
कैसे वक्त और काम में उसे काट दिया जाता है,
जैसे किसी सांचे में डाला गया हो।
लेकिन क्या कभी इस घुटन से बाहर आ सकता है वह?
क्या कभी यह घुटन उसकी आत्मा को बहाल कर पाएगी?
क्या कभी यह फैक्ट्री,
जो समय और परिश्रम के बीच बसी है,
इंसानियत की आवाज़ सुन सकेगी?

इंसान अब न देखता है आसमान,
न महसूस करता है धरती,
वह फैक्ट्री के चारों ओर सिमट चुका है।
लेकिन एक दिन,
यह घुटन भी एक आवाज़ बनेगी,
यह घुटन एक गहरी चीख में बदलेगी,
जो फैक्ट्री की दीवारों को तोड़कर बाहर निकलेगी।
तब शायद वह समझेगा,
कि वह सिर्फ एक मजदूर नहीं,
बल्कि एक इंसान है,
जिसकी पहचान उसके कार्यों से नहीं,
बल्कि उसकी आंतरिक शक्ति से बनती है।

फिर,
फैक्ट्री के इन घुटन भरे कमरे से बाहर,
उसकी आत्मा की हवा में एक नई ताजगी होगी।
यह घुटन,
यह फैक्ट्री,
कभी भी इस जीवन का हिस्सा नहीं थी।
कभी तो यह सब खत्म होगा,
और वह महसूस करेगा,
वह सिर्फ़ मेहनत का नाम नहीं,
बल्कि एक संवेदनशील मानवता का हिस्सा है।
वह,
जो कभी फैक्ट्री की घुटन में बसा था,
अब खुले आकाश में उड़ने की ताकत पाएगा।

शहरीकरण की आँधी

शहर की धड़कन अब कुछ और हो गई है,
यहाँ हवा नहीं, एक चुप्प सी बसी है,
जो हर पल बदलती जाती है।
यह शहरीकरण की आँधी है,
जो न दिखाई देती है,
लेकिन महसूस होती है।
यह आँधी किसी को दिखाई नहीं देती,
पर उसके बाद हर चीज़ बदल जाती है।
चमचमाती सड़कें,
ऊँची-ऊँची इमारतें,
लेकिन इनके बीच एक खालीपन है,
जो कहीं भीतर से गूंजता है।

शहर के किनारे,
अब एक नई पहचान है,
न यह पुराने घर हैं,
न यह वही गलियाँ, जो कभी चुप रहती थीं।
यहाँ सब कुछ दौड़ रहा है,
एक दौड़, जो दिखती नहीं,
लेकिन हर व्यक्ति उसमें शामिल है।
यहाँ के लोग अब धीरे-धीरे आवाज़ों में खो जाते हैं,
उनकी आँखें अब नहीं देखतीं,
उनकी सोच अब नहीं सच्ची रहती,
यह सब शहरीकरण की आँधी में बहते हैं।

आँधी के साथ आया यह विकास,
जो बताता है कि अब समय बदल चुका है,
लेकिन क्या यह बदलाव सच्चा है?
क्या इसमें वह गर्मी है,

49

जो इंसानियत को महसूस कराती थी?
क्या यह वही शहर है,
जहाँ कभी लोग एक-दूसरे को पहचानते थे,
और उनकी नज़रें एक दूसरे की मदद करती थीं?
क्या यह वही गलियाँ हैं,
जिनमें कभी गूँजते थे बच्चों के हंसी के स्वर?

अब इन इमारतों के बीच,
रात में चाँद भी नहीं दिखता,
रात का अंधेरा,
इन कृत्रिम रोशनियों में खो जाता है।
शहरीकरण की आँधी में,
हर चमचमाती चीज़ के पीछे,
एक खालीपन छिपा है,
जो बढ़ता ही जा रहा है।
लोग अब उन चीज़ों को न देख पाते हैं,
जो कभी उनकी आँखों को सुकून देती थीं।

यहाँ की राहों पर,
अब केवल कदमों की आवाज़ें हैं,
लेकिन उन आवाज़ों में,
कभी कोई मीठी गुनगुनाहट नहीं होती।
शहर अब एक ऐसी जगह बन गया है,
जहाँ चेहरे नहीं,
बल्कि मशीनें दिखती हैं।
यहाँ हर चीज़ में एक जल्दी है,
लेकिन फिर भी कुछ नहीं बदलता।
शहरीकरण की आँधी में सब बह रहे हैं,
जैसे कोई दिशा नहीं बची।

फिर भी, इस आँधी में,

कभी तो यह सवाल उठता है,
क्या हमने अपने भीतर के शहरीपन को खो दिया?
क्या हमने अपनी जड़ें खो दीं,
जो हमें सच्चे इंसान बना सकती थीं?
क्या हमने अपने आसपास की दुनिया को समझा,
या सिर्फ़ अपना चेहरा देखा?
शहरीकरण की आँधी में,
हम कहीं न कहीं खुद को खो रहे हैं,
अपने इतिहास को, अपनी पहचान को,
और सबसे ज़्यादा,
एक-दूसरे को।

इस बदलाव के साथ,
क्या हम खुद को और अपने आसपास को सहेज पाएंगे?
क्या यह आँधी,
जो हर चीज़ को बहाकर जाती है,
हमें अपनी आत्मा का कोई रूप दे पाएगी?
क्योंकि, इस तेज़ गति से दौड़ते शहर में,
शायद अब हमें रुकने का वक्त चाहिए,
सांस लेने का समय चाहिए,
क्योंकि शहरीकरण की आँधी में,
जो कुछ भी खो गया है,
वह सिर्फ़ एक भ्रामक छलावा है,
जो समय के साथ हमें समझ में आएगा।

गाड़ियों का काला धुआं

हर मोड़ पर,
हर रास्ते पर,
यह काला धुआं हमें घेरता जाता है,
जैसे यह हवा में नहीं,
हमारी आत्मा में समा रहा हो।
यह धुआं,
जो कभी बादलों से नहीं,
हमारे अपने हाथों से उठता है,
हमारी इच्छाओं, हमारे डर,
हमारी आदतों की गवाही देता है।

गाड़ियाँ दौड़ रही हैं,
एक के बाद एक,
दूसरी के पीछे,
और हर गाड़ी के पीछे,
यह काला धुआं उड़ता है,
जैसे किसी ने इसे
दूर तक फैलने के लिए भेज दिया हो।
हम देखते हैं,
इस धुएं को,
जैसे यह कोई हादसा नहीं,
बल्कि हमारी नियति हो,
लेकिन क्या यह नहीं
हमारी नज़रों में भी एक हलचल है?
क्या इस धुएं में हमारी चेतना नहीं समाई?

यह धुआं सिर्फ़ हवा में नहीं है,
यह हमारे भीतर भी बस गया है,

यह हमारे विचारों में घुल चुका है,
हमारी चाल, हमारे शब्द,
सबमें एक गहरी सास है,
जो हमें रोज़ मरती हुई ज़िंदगी का अहसास कराती है।
क्या हमने कभी सोचा है,
कि हर बार जब हम गाड़ी चलाते हैं,
हम हवा में नहीं,
बल्कि हमारे भविष्य में जहर घोल रहे हैं?

यह काला धुआं
गाड़ियों के इंजन से नहीं,
हमारी ज़िंदगी की धड़कनों से उठता है,
जो तेजी से दौड़ रही हैं,
रुकने का नाम नहीं लेतीं।
हम एक-दूसरे के साथ नहीं,
बल्कि एक-दूसरे से मुकाबला कर रहे हैं।
हमारे कदम किसी और की मंजिल की ओर नहीं,
अपने खुद के कांच के रास्तों पर हैं,
लेकिन क्या इन रास्तों पर कोई मंजिल होगी?

हर गाड़ी का धुआं,
एक सवाल छोड़ता है–
क्या यह वही रास्ता है,
जो हमें कहीं ले जाएगा,
या फिर यह धुआं हमें अपने भीतर की गहरी खाई में
गिरने के लिए तैयार कर रहा है?
हम दौड़ते रहते हैं,
लेकिन शायद हमें कहीं नहीं जाना,
हम बस दौड़ रहे हैं
क्योंकि यह हमारी आदत बन गई है।

कभी-कभी लगता है,
यह धुआं हमारी आत्मा में समा चुका है,
हम उसे देख नहीं पाते,
लेकिन वह हमें हर दिन धीरे-धीरे निगलता जाता है।
हम फिर भी नहीं रुकते,
हम फिर भी नहीं थमते,
इस काले धुएं के बिना हमारी ज़िंदगी अधूरी सी लगने लगती है,
लेकिन क्या हमें यह समझने का समय मिलेगा?

गाड़ियों का काला धुआं
हमें खुद से ज़्यादा दूर नहीं ले जा सकता,
यह बस हमें अपनी नज़रें खोने,
अपने पथ को धुंधला करने के लिए मजबूर करता है।
क्या हम इसे देख पाते हैं?
क्या हम समझ पाते हैं कि
यह धुआं हमारे भविष्य को,
हमारी धड़कनों को,
हमारी सांसों को जहर बना रहा है?

जब हम रुकेंगे,
जब हम सोचेंगे,
तभी हम महसूस करेंगे
कि यह धुआं,
हमारी धड़कन से नहीं,
हमारी आत्मा से उठ रहा था।
क्या हम इसे रोक सकते हैं?
क्या हम अपनी राहें बदल सकते हैं?
या फिर यह धुआं
हमारी ज़िंदगी का हिस्सा बन जाएगा,
जो कभी खत्म नहीं होगा?

प्लास्टिक का ज़हर

प्लास्टिक, यह साधारण सा नाम,
लेकिन इसका असर गहरी छाया की तरह है।
यह धरती की सतह पर फैलता है,
जैसे कोई राक्षस अपने पंजे पसारता है।
हर कोने में, हर गली में,
यह ज़हर अपनी मौजूदगी महसूस कराता है।
कभी यह हमें लुभाता है,
कभी यह हमें अपनी पकड़ में लेता है,
लेकिन क्या हम जानते हैं,
यह हमारी ही कोख से निकला एक राक्षस है,
जो धीरे-धीरे हमें अपने जाल में फंसाता है।

यह प्लास्टिक, जो एक बार इस्तेमाल होकर,
दूर फेंका जाता है,
वो कभी खत्म नहीं होता।
यह सदियों तक,
धरती में समाया रहता है,
जैसे कोई अनदेखा बोझ,
हमारी क़िस्मत पर पड़ा हो।
हम इसे इस्तेमाल करते हैं,
लेकिन इसकी कीमत कभी नहीं चुकाते।
यह हर जगह फैला है,
पानी में, मिट्टी में, हवा में,
एक लकीर बनकर,
जो कभी मिटती नहीं।

यह कचरा, यह बर्बादी,
हमारी आंखों से नहीं,
हमारी आत्मा से निकलती है।

प्लास्टिक का हर टुकड़ा,
एक दाग की तरह है,
जो हमारी ज़िम्मेदारी पर चिपक जाता है।
हमने इसे बनाया,
हमने इसका प्रयोग किया,
लेकिन क्या हम इसके अस्तित्व को समझ पाए हैं?
क्या हम इसे खत्म कर सकते हैं,
या फिर यह हमें अपने जाल में खींचते हुए
सदैव के लिए हमारे आसपास रहेगा?

प्लास्टिक के इन टुकड़ों को देखो,
जो हमारे द्वारा छोड़े गए हैं,
इन्हें हर सुबह, हर शाम,
वहां से होते हुए,
जहां पर हम नहीं होते,
इनका अस्तित्व हमें चुनौती देता है।
हर नदी, हर समुद्र,
इनकी मौजूदगी को महसूस करता है,
और हम चुपचाप अपनी ज़िंदगी में खोए रहते हैं,
कभी इन टुकड़ों के बारे में सोचे बिना।

क्या यह हम ही नहीं,
जो इसे फैलाते हैं?
क्या यह हम ही नहीं,
जो इसे जलाते हैं,
और फिर वह जलता हुआ ज़हर
हमारे आस-पास की हवा को गंदा करता है।
हमसे निकलने वाली हर प्लास्टिक की थैली,
एक वादा बनकर रह जाती है,
जो कभी पूरा नहीं होता।
यह वादा सिर्फ़ हमारे साथ नहीं,

धरती के साथ भी होता है,
जो कभी पूरा नहीं होता।

हर बार जब हम प्लास्टिक का इस्तेमाल करते हैं,
हम धरती को एक और चोट देते हैं,
हमारी ज़िंदगी,
जिसमें हर पल एक खामोश संघर्ष चलता है,
वो भी इसी ज़हर से घिरी हुई है।
हम जानते हैं कि यह ज़हर हमें धीरे-धीरे मार रहा है,
लेकिन फिर भी,
हम इसे छिपाकर अपनी ज़िंदगी जीते हैं।

प्लास्टिक का यह ज़हर,
हमारी सभ्यता का हिस्सा बन चुका है,
लेकिन क्या हमने कभी सोचा है,
कि यह ज़हर एक दिन हमें घेर लेगा?
क्या हम कभी इसे छोड़ पाएंगे,
या फिर यह हमारी पहचान बन जाएगा?
हमारे बच्चों की धड़कन,
हमारे पौधों की जड़ें,
हमारी नदियाँ,
सभी इस ज़हर से प्रभावित हैं,
लेकिन क्या हम इसे देख पाएंगे?

यह प्लास्टिक,
जो एक बार हमारी ज़िंदगी को आसान बनाता है,
अब हमारे अस्तित्व का दुश्मन बन गया है।
हर कदम, हर श्वास,
हमारी अपनी धड़कन से यह हमसे लड़ता है।
क्या हम इसे रोक सकते हैं?
क्या हम अपने भीतर के ज़हर को पहचान सकते हैं?

या फिर यह हमें अपनी ज़िंदगी का हिस्सा बना देगा,
जो कभी खत्म नहीं होगा?

प्लास्टिक का यह ज़हर,
हमारे भीतर, हमारे आसपास,
हर जगह बिखरा हुआ है।
यह हमारी आँखों के सामने फैला है,
लेकिन हम इसे कभी ठीक से देखने का साहस नहीं जुटा पाते।
क्या हम इसके खिलाफ आवाज़ उठा सकते हैं?
क्या हम इस ज़हर को खत्म कर सकते हैं,
या फिर यह हमें अपने चंगुल में हमेशा के लिए फंसा लेगा?

जहरीली बूंदे

यह बूंदें,
जो आसमान से गिरती हैं,
देखो, कितनी चुपचाप, कितनी निर्दोष लगती हैं।
कभी ये जीवन का प्रतीक थीं,
कभी यह आशीर्वाद के रूप में आती थीं,
लेकिन आज ये ज़हर में बदल चुकी हैं।
हर बूंद में एक कहानी छुपी हुई है,
एक दर्द, एक आँसू,
जो हमारे द्वारा फैलाए गए प्रदूषण में ढलकर,
हमारे ही उपर गिरती है।

जब यह बूंदें गिरती हैं,
क्या तुम महसूस करते हो,
इनमें वह गंध,
जो हमारी गलतियों की है?
क्या तुम देख पाते हो,
कि ये बूंदें सिर्फ़ पानी नहीं,
हमारी दुष्टता की निशानी हैं,
जो सिवाय एक शाप के और कुछ नहीं।

यह जल,
जो कभी हमारे जीवन का आधार था,
अब हमारी ज़िंदगी की मिट्टी में समा जाता है।
यह बूंदें हर नदी,
हर तालाब,
हर खेत,
हर शहर में पहुँचती हैं,
जैसे हमारी हर एक बुरी आदत,

धीरे-धीरे इस ज़मीन में समा रही हो।

जब ये बूंदें गिरती हैं,
क्या यह हमें नहीं बतातीं
कि हम इसे बर्बाद कर रहे हैं?
क्या यह हमारी नज़रों के सामने
सहमती की आवाज़ नहीं बनतीं?
हर बूंद एक वादा है,
जो टूट चुका है।
हर बूंद एक चेतावनी है,
जो अब हम नहीं सुन पाते।

यह जल,
जिसे हम पीते हैं,
जिससे हम जीवन को सहज समझते हैं,
अब उस जल में विष फैल गया है,
वह हमें अपने ही अस्तित्व का
कुचला हुआ रूप दिखाता है।
हम इसे पीते हैं,
लेकिन क्या हम महसूस करते हैं,
यह पानी,
हमारे हाथों से निकलने वाली घातक सासों का परिणाम है?

यह बूंदें,
जो कभी धरती का आशीर्वाद थीं,
अब वह बर्फ़ की तरह कठोर हो गई हैं,
गिरने के बाद सिर्फ़ खतरा छोड़ जाती हैं।
क्या तुमने कभी सोचा है,
इन बूंदों के साथ क्या छुपा हुआ है,
क्या तुमने कभी इसका अर्थ समझा है?
हर बूंद में हमारा खोया हुआ भविष्य समाया है,

हमारी सोच, हमारी नज़र,
सब कुछ इस ज़हर में घुल गया है।

जब यह बूंदें गिरती हैं,
क्या हम उन्हें अपनी आत्मा में नहीं देख सकते?
क्या हम समझ नहीं सकते कि
यह हम हैं,
जो इस ज़हर को अपने जल में मिला रहे हैं?
क्या हम इसे महसूस नहीं कर सकते,
जो हमारी आँखों से बहकर
हमारी भूमि तक पहुँचता है?

यह बूंदें,
जो हमें जीवन देती थीं,
अब उसी जीवन को चुराने की कोशिश कर रही हैं।
यह ज़हर हमारे भविष्य का रूप है,
यह हमें अपनी गलतियों का एहसास कराता है,
लेकिन हम फिर भी इसे अनदेखा करते हैं।
क्या यह हमारी धड़कनों की आवाज़ नहीं,
हमारी चेतना की गहरी चुप्प है?

जब यह बूंदें गिरती हैं,
क्या हम इसे रोक सकते हैं,
या फिर यह ज़हर हमें एक दिन
हमारी ही जड़ों से काट देगा?
हमने जल को प्रदूषित किया है,
हमने उसे अपने ही हाथों से काला किया है,
और अब यह ज़हर हमारे आस-पास है,
हमारे हर कदम में,
हमारे हर विचार में।

यह बूंदें,
हमारी भुली हुई यादों की तरह हैं,
जो हमें सचेत करने आती हैं,
लेकिन हम उन्हें नजरअंदाज करते हैं।
क्या हम उन्हें समझ सकते हैं,
क्या हम इसे रोक सकते हैं,
या फिर यह बूंदें हमें
हमारे ही अस्तित्व का पर्दाफाश कर देंगी?
हमेशा के लिए,
हमारी ही गलतियों की गहरी खाई में।

जल की बर्बादी

पानी, यह जीवन का स्रोत,
जो कभी अपार था,
अब सूखता जा रहा है।
वह बहते झरने,
वह शांत नदियाँ,
जो हमसे अपने आशीर्वाद के रूप में मिलती थीं,
अब उनकी आवाज़ में ख़ामोशी का सन्नाटा है।
यह जल, जो कभी हमारे खेतों में उगता था,
हमारी प्यास बुझाता था,
अब हमारी असावधानी और लापरवाही का शिकार हो चुका है।

हमने इसे बर्बाद किया,
हमारी आदतों ने इसे खोखला कर दिया।
हमारा हाथ, जो कभी इसे संजोने के लिए बढ़ता था,
अब उसी हाथ से इसका उल्लंघन कर रहा है।
हमने इस खजाने को न समझा,
हमने इसे बर्बादी की ओर धकेल दिया।
पानी की यह बर्बादी,
अब हमारी आत्मा को झकझोरने लगी है,
लेकिन क्या हम इसे महसूस कर पा रहे हैं?

हमने नदियों को बांधा,
तालाबों को सूखा,
पहाड़ों से बहती हर एक बूंद को
हमने अपनी हवस और लालच के लिए रोक लिया।
जो जल कभी हमारे लिए जीवनदायिनी था,
वह अब हमारी आंखों से ओझल हो रहा है,
कहीं भी, कहीं भी,
यह अपनी पहचान खोता जा रहा है।

हमने जल के प्रवाह को रुकने दिया,
हमने उसे संजीवनी बनाने के बजाय
अपनी ज़िंदगी की बर्बादी का कारण बना लिया।
यह वह जल है,
जो हमारी प्यास बुझाता था,
जो हमारे शरीर में जीवन का संचार करता था,
लेकिन अब वह हमें ही बर्बाद करता है।
क्या हमने कभी सोचा है कि,
यह पानी एक दिन हमारे सामने सूख जाएगा?

यह जल,
जो हम बेपरवाही से प्रयोग करते हैं,
अब हमें अपने भविष्य का खौ़फ दिखा रहा है।
हमने इसे व्यर्थ बहाया,
हमने इसके मूल्य को कम किया।
अब यह हमारे लिए
एक सपना बनता जा रहा है।
जल की यह बर्बादी,
हमारे पास एक आवाज़ है,
जो हमें सावधान करने आती है,
लेकिन क्या हम उसे सुनते हैं?

हमने जल के हर स्रोत को घेर लिया,
हर तालाब, हर नदी, हर कुआँ,
हमने सभी को अपनी चपेट में ले लिया,
और अब वह हमारी प्यास बुझाने के बजाय
हमारे अस्तित्व पर खतरा बन चुका है।
हमारी ज़िंदगी की धारा,
जिसे कभी जल के सहारे बहना था,
अब बिना जल के सूख रही है।

जल की यह बर्बादी,
हमारी असावधानी का प्रतीक है।
यह हमें न केवल जीवन से,
बल्कि अपनी ज़िम्मेदारियों से भी अलग कर रहा है।
हमारे पास अब वह जल नहीं,
जो हमें कभी जीवित रखता था,
हमारी पीढ़ियाँ इसे ढूंढेंगी,
लेकिन वह खो चुका होगा।
क्या हमने कभी सोचा है कि,
यह जल हमें खोकर
हमसे ही सवाल करेगा?

जल की यह बर्बादी,
अब हमसे जवाब माँग रही है,
क्या हम इसे ठीक कर पाएंगे?
क्या हम इसे फिर से संजो पाएंगे?
क्या हम समझ पाएंगे,
कि जल की कीमत हमें अपनी भूलों से समझनी होगी?
हमने इसे छोड़ा,
अब यह हमें छोड़ता जा रहा है,
क्या हम इसका मूल्य समझ पाएंगे
या फिर हम इसे खोने के बाद
शायद पछताएंगे?

जल की बर्बादी,
यह केवल एक संसाधन की नहीं,
यह हमारे अस्तित्व की बर्बादी है।
क्या हम इसे बचा सकते हैं?
क्या हम जल को फिर से वह सम्मान दे सकते हैं,
जो वह हमेशा से हकदार था?

अब वक्त आ गया है,
हमारी भूलों को समझने का।
क्या हम इसे वापस पा सकते हैं,
या फिर यह जल हमारी आँखों के सामने
सिर्फ एक सपना बनकर रह जाएगा?

ध्वनि प्रदूषण का हाहाकार

यह कैसी चीख़ है,
जो हवा में गूंजती है,
यह कैसी गूँज है,
जो हमारे भीतर गहरे उतर जाती है।
ध्वनि का शोर,
जो कभी मन को प्रफुल्लित करता था,
अब सिरदर्द का कारण बन चुका है।
यह केवल शब्दों का नहीं,
ध्वनियों का खेल है,
जो हमारे इर्द-गिर्द व्याप्त है,
हमारा दिल और मस्तिष्क,
इस विकृत ध्वनि में डूबते जा रहे हैं।

हर मोड़ पर,
हर कदम पर,
यह शोर पीछा करता है,
हमारी कल्पनाओं को दबाता है,
हमारे विचारों को कुचलता है।
यह वाहन का हॉर्न,
वह लाउडस्पीकर की गड़गड़ाहट,
वह कारख़ानों का शोर,
वह शोर जो हमारे खुद के अस्तित्व को
हमें ही भूलने पर मजबूर कर देता है।
यह ध्वनि प्रदूषण,
जो कभी चेतावनी नहीं देता,
अब हमारी दुनिया का हिस्सा बन गया है।

क्या तुम महसूस करते हो,
वह घुटन, जो शोर के बीच में समाई है?

क्या तुम देख सकते हो,
वह ज़ख्म, जो हमारे कानों में बिना रोक के प्रवेश करता है?
यह शोर,
जो रात को हमारी नींद चुराता है,
यह ध्वनि,
जो दिन को भी एक नीरस राग बना देती है।
हमारे दिल की धड़कन,
यह शोर नहीं सुनता,
हमारे विचारों की मंथन,
यह शोर नहीं समझता।
यह एक दीवार है,
जो हमारी संवेदनाओं को जकड़ लेता है।

क्या तुमने कभी सोचा है,
यह शोर केवल ध्वनि नहीं,
हमारी शांति को ललकारता हुआ बम है?
क्या तुम देख सकते हो,
यह शोर हमारी धड़कनों को दबा कर,
हमारे जीने की इच्छा को कुचल रहा है?
हमारे जीवन का हर एक पल,
अब इस शोर के साथ बसा है,
हम इसे महसूस नहीं करते,
लेकिन यह हमें बर्बाद कर रहा है।

यह ध्वनि प्रदूषण का हाहाकार,
यह हमारे चारों ओर फैला हुआ है,
यह हमारी नींद की तरह चुराता है,
यह हमारे स्वप्नों को निगलता है,
हमारे दिलों की शांत आवाज़ को खा जाता है।
क्या तुम यह महसूस कर पाते हो,
कि हम अब चुप नहीं रह सकते,

हमने इसे बढ़ने दिया,
अब यह हमें बर्बाद कर रहा है।

यह एक चेतावनी है,
जो हर गली, हर चौराहे,
हर सड़क, हर घर में गूंज रही है,
यह शोर, जो कभी हमें जगाता था,
अब हमें भीतर से थका देता है।
क्या हम इसे रोक सकते हैं?
क्या हम अपनी आँखों से इस शोर को माप सकते हैं,
या फिर हम इसे महसूस किए बिना,
हमारी सोच से जकड़ते जा रहे हैं?

यह ध्वनि प्रदूषण का हाहाकार,
हमारे भीतर और बाहर,
एक साथ समाहित हो गया है।
क्या हमें यह नहीं समझना चाहिए,
यह शोर हमारी सबसे बड़ी भूल है?
क्या हम इस ध्वनि की धारा को रोक सकते हैं,
या फिर हम इसे बढ़ने देंगे,
जो हमें खोखला कर देगा,
हमारी आत्मा तक को निगल जाएगा?

हमें अब इसे समझना होगा,
हमारी शांति,
हमारे विचार,
हमारी नींद,
यह सब इस शोर के बीच बिखरते जा रहे हैं।
क्या हम इसे रोक सकते हैं,
या फिर यह शोर हमारे लिए
कभी खत्म न होने वाला एक अस्तित्व बन जाएगा?

ध्वनि प्रदूषण का यह हाहाकार,
हमारी खामोश आत्मा में गूंजता रहेगा,
जब तक हम इसे नहीं पहचानेंगे,
जब तक हम इसे अपनी भूल नहीं समझेंगे।

रसायन से बंजर होती माँ

माँ, तुमने कभी सोचा है,
यह हरियाली, जो कभी तुम्हारे आँचल में खिलती थी,
वह अब सूखती जा रही है।
वह भूमि, जो तुम्हारे कदमों के साथ हरी-भरी रहती थी,
अब रसायनों की छाँव में बंजर हो चुकी है।
तुमने हर सुबह देखा,
कैसे तुम्हारी मिट्टी को बर्बाद किया जाता है,
कैसे तुम्हारे आंचल में पल रहे बीजों को
विकृत रसायनों ने निगल लिया है।
तुम्हारा अनमोल आशीर्वाद,
जिसमें जीवन की झलक थी,
अब उस जीवन को छीन लिया गया है।
क्या तुमने कभी महसूस किया,
तुम्हारे आँगन में पसरा यह सन्नाटा,
यह तुम्हारी गोदी का अंत है?

तुमने हमें कभी यह नहीं सिखाया,
कैसे रसायन ने हमारे भविष्य को धोखा दिया।
तुम्हारी आँखों में जो आंसू थे,
वह केवल तुम्हारी पीड़ा नहीं थे,
वह उस ज़मीन के दर्द थे,
जिसे हमने रसायनों से भर दिया।
तुम्हारी कोमल त्वचा,
जो हमेशा हरी घास से मिलती थी,
अब नीरस धूल में बदल चुकी है,
यह रसायन तुम्हारी माँभूमि का अस्तित्व छीनते जा रहे हैं।

हमने तुम्हें कैसा बना दिया,
तुम्हारा सौंदर्य, तुम्हारी उपजाऊ भूमि,

अब सूखे और बंजर होते जा रहे हैं।
तुम्हारी कोख, जो कभी हरे-भरे खेतों को जन्म देती थी,
अब रासायनिक विषैले तत्वों से सना हुआ है।
क्या तुम उस जल की याद करती हो,
जो तुमने अपने आंचल से निकाला था,
जो कभी हरे-भरे बागों में बहता था,
अब वह जल भी कटा हुआ है,
यह रसायन ने उसकी मिठास को चुराया है।

हमने तुम्हारे अस्तित्व से खिलवाड़ किया,
हमने तुम्हारे सुंदरता को खो दिया,
तुम्हारी कोख,
जिसे हमने कभी जीवन का साकार रूप माना था,
अब वह शुष्क और नीरस हो चुकी है।
रसायन, वह विष,
जो हम तुम्हारे हरे खेतों में डालते हैं,
वह तुम्हें सूखा देता है,
वह तुम्हारी संवेदनाओं को कुचल देता है।
तुम्हारी आँखों में जो आशा थी,
वह अब एक गहरी गुफा में बदल चुकी है।

तुमने हमसे कभी कुछ नहीं माँगा,
केवल अपने आंचल में जीवन के बीज को पोषित किया,
लेकिन हमने तुम्हें रासायनिक जहर से भर दिया।
तुम्हारे क़दमों के निशान,
अब धुंधले होते जा रहे हैं,
तुम्हारी माँभूमि,
जो कभी हमारी धड़कन हुआ करती थी,
अब हर चुप्प हो चली है।
क्या हम यह समझ सकते हैं,
कि यह सिर्फ तुम्हारी खामोशी नहीं,

यह हमारे कृत्यों का परिणाम है?

अब हम तुम्हारी रचनात्मकता को नहीं देख पाते,
अब हम तुम्हारी सुंदरता को नज़रअंदाज़ करते हैं।
तुमने हमें कभी यह नहीं कहा कि,
"मुझे इस हद तक मत खोदों,
मुझे इस हद तक मत सुखाओ,
मुझे इस रासायनिक विकृति से बचाओ,"
लेकिन हम तुम्हारे मौन को समझ नहीं पाते।
तुम्हारी गोदी में जो जीवन था,
वह अब एक बंजर धरती में बदल चुका है।
क्या हम इसे फिर से संजीवित कर सकते हैं?
क्या हम तुम्हारी गोदी को फिर से हरा-भरा कर सकते हैं?
या फिर हम तुम्हें रसायनों से बर्बाद करने के बाद,
केवल एक विकृत रूप में ही देख पाएंगे?

माँ, तुम्हारी पहचान,
अब हमसे छूटती जा रही है।
तुम्हारे आंचल में जो कभी जीवन था,
वह अब सन्नाटे में घिर चुका है।
हमने तुम्हारी गोदी को अपवित्र किया,
अब क्या हम तुम्हें फिर से पवित्र कर सकते हैं?
यह रसायन, जो हमें हमारे भविष्य से दूर ले जा रहे हैं,
क्या हम इस मलबे को साफ कर पाएंगे,
या फिर हम इसे खत्म करने के बाद,
निकलते समय केवल पछताएंगे?

माँ, तुमने हमें कभी यह नहीं सिखाया कि,
हम तुम्हारे अस्तित्व को संभालें,
हमने तुम्हें बर्बाद कर दिया,
अब हम क्या तुमसे माफी मांग सकते हैं,

या फिर हम तुम्हें खोकर,
एक बार फिर हमारी भूलों का खामियाज़ा भुगतेंगे?
यह रसायन, यह बंजर धरती,
यह हमारी सबसे बड़ी भूल है,
क्या हम इसे सुधार सकते हैं,
या फिर हम इसे खो देंगे,
और तुम्हें हमेशा के लिए सूखा छोड़ देंगे?

भाग 3
जीवन पर प्रभाव

बीमार होती सांसें

सांसें, जो कभी जीवन का संगीत थीं,
अब आहिस्ता-आहिस्ता टूटती जाती हैं,
जैसे किसी मुरझाए फूल की पंखुड़ी,
जो धीरे-धीरे गिरने लगती है बिना किसी शोर के।

हर एक खींची हुई सांस में,
अब दर्द की हल्की सी छांव महसूस होती है,
जो कभी हलके पंखों से बहती हवा थी,
वह अब वजन के साथ आती है, जैसे कोई भारी बादल।

सांसें, जो कभी शुद्ध वायु की तरह थीं,
अब दूषित हो चुकी हैं,
जैसे हवा में घुली सी सदी की गंध,
जो किसी ना-समझी पीढ़ी की गलती का परिणाम हो।

क्या खो गई है जीवन की गति?
या फिर यह सिलसिला बस थमता चला जा रहा है,
हर एक सांस, जो कभी असंख्य इच्छाओं का प्रतीक थी,
अब अपनी जगह में खो चुकी है।

तूफानों से जूझते हुए,
हवा से लड़ते हुए,
क्या सांसें कभी फिर से जुड़ सकती हैं?
क्या वे अपने खोए हुए रंगों को फिर से पा सकती हैं?

यह सवाल एक शून्य की तरह,
हर एक सांस में गूंजता है,
जो जीवन की नदियों से गुजरते हुए,
अंततः किसी गहरे तालाब में समाहित हो जाता है।

लेकिन क्या हमें यह मान लेना चाहिए कि
सांसें बस बीमार हो चुकी हैं?
या फिर क्या यह एक नयी उम्मीद की शुरुआत हो सकती है,
जहां हर टूटती सांस के साथ,
एक नया सूरज अपनी किरणों से हिम्मत दे सकता है?

यह सवाल शायद अनुत्तरित रहे,
लेकिन हमारी सांसों का यह सफर,
हमेशा चलता रहेगा,
कभी रुकेगा नहीं,
चाहे वे बीमार हों या पूरी तरह से स्वस्थ।

बच्चों का उजड़ा बचपन

बच्चों के हंसते चेहरों पर
जो कभी चंचलता की लहरें होती थीं,
अब एक अजीब सी खामोशी पसरी है,
जैसे समय ने उनकी मुस्कान को
अपनी चुप्प से निगल लिया हो।

वे, जो कभी नन्हे कदमों से
दुनिया की राहों को खोजते थे,
अब अपने ही आंगन में खो गए हैं,
ख़्वाबों की जगह शहरी ध्वनियों ने ले ली है।

उनकी आँखों में जो सपने थे,
वह अब किसी अजनबी की तरह
धुंधले हो गए हैं,
जैसे किसी चित्र की लकीरें
बारिश की बूँदों से मिट गई हों।

कभी खेल की आवाजें गूंजती थीं,
उनकी छोटी-छोटी खुशियाँ
गाँव के चौराहे से लेकर
गली मोहल्लों तक फैल जाती थीं,
लेकिन अब उस खेल के मैदान में
सिर्फ ठंडी हवाएँ दौड़ती हैं।

वे बच्चे, जिनके पास कभी
जिंदगी के सबसे प्यारे सवाल थे,
अब सवालों से दूर हो गए हैं,
क्योंकि उनके पास सवाल करने का वक्त ही नहीं है,
कभी खिलखिलाते हुए जो बोलते थे,

अब चुप हैं, खामोश हैं,
जैसे उनका बचपन किसी और के हाथों में सौंप दिया गया हो।

उन्हें किताबों के पन्नों के बजाय,
कभी-कभी रोटियों के टुकड़ों की चिंता होती है,
वे स्कूल की घंटी नहीं सुनते,
कभी माँ की गोदी के बजाय
अपने कंधों पर दुनिया का बोझ महसूस करते हैं।

क्या इन बच्चों का बचपन
यूं ही उजड़ जाएगा?
क्या उनके हिस्से की हंसी
कभी वापस लौटेगी?
या फिर, उनके दिलों में
जो खालीपन है,
वह कभी भरा नहीं जा सकेगा?

लेकिन शायद किसी दिन,
जब ये बच्चे बड़े होंगे,
तो उन्हें याद आएगा
वह छाया, जो बचपन में कभी थी,
और फिर वे ही बच्चे
सुनेंगे एक नए गीत की धुन
जो उन्हें वापस उन लम्हों में ले आएगा,
जब जीवन सिर्फ खेल और हंसी था।

विलुप्त होता वन्य जीवन

वन, जो कभी जीवित थे,
जो धड़कते थे नदियों की तरह,
उनकी जड़ों में गूंजती थी धरती की आवाज़,
आज वही वन, हर दिन अपने अस्तित्व की लड़ाई लड़ रहे हैं।

सुरम्य पहाड़ों की छांव में
जो जीवन संजीवनी से भरता था,
वह जीवन अब टूटने की कगार पर खड़ा है,
जैसे सर्दी में पत्तों के गिरने से कोई पेड़ खुद को खो देता है।

भालू, बाघ, हाथी और तेंदुआ,
वे, जो कभी इन जंगलों के राजा थे,
अब अपनी नज़रें खोजते हैं उस जगह को
जहां उनका नाम भी धीरे-धीरे मिटता जा रहा है।
क्या वो दिन लौटेंगे जब इन जानवरों के कदमों से
धरा गूंजती थी?
या फिर अब सिर्फ उनकी यादें ही बची रहेंगी,
जिन्हें समय के हाथों में दबा दिया गया हो।

जंगलों के भीतर जो एक चुपचाप जीवन था,
वह अब शहरों की कंक्रीट की दीवारों में दब कर रह गया है,
जो कभी शोर नहीं मचाते थे,
अब उनके रुदन और विलाप की आवाज़
शहरों की कोलाहल में खो गई है।

प्रकृति, जो हमेशा इन जीवों की संरक्षक थी,
अब खुद ही घायल हो गई है,
जैसे उसे कोई हथियारों से बुरी तरह चीरता हो,
और उसका रक्त उन आकाशों में बहता हो,

जो कभी निर्दोष थे,
जो कभी नदियों की तरह बहते थे।

कहीं न कहीं, इन जानवरों की पुकार
धरती की गहराइयों में गूंज रही है,
क्या हमारे लिए यह एक चेतावनी नहीं?
क्या हम इसे नजरअंदाज कर सकते हैं?
जब ये जीव हमारी आँखों से दूर हो जाएंगे,
क्या हम तब भी यह कहेंगे
कि हमें कोई फर्क नहीं पड़ता?

पर क्या ऐसा कभी होगा,
जब जंगल फिर से अपनी पुरानी आभा को पाएंगे?
क्या हम उनका साथ देंगे,
उनकी वापसी के लिए कोई कदम उठाएंगे?
या फिर हम देखेंगे,
विलुप्त होती हुई एक और धारा को,
जो कभी हमारे जंगलों की सांस थी,
धीरे-धीरे समाप्त हो जाएगी।

अब यह हमारे ऊपर है,
क्या हम प्रकृति को बचा पाएंगे?
क्या हम उस जीवन को, जो कभी हमारे साथ था,
वापस ला सकेंगे?
यह सिर्फ एक सवाल नहीं,
यह एक जवाब है,
जो हमें अपनी आने वाली पीढ़ियों के लिए देना होगा।

बदलते मौसम का कहर

मौसम बदलते हैं,
लेकिन इस बार,
ये केवल हवा की तरंग नहीं हैं,
ये एक चेतावनी हैं,
जो हमारी नसों में गहरे उतरती जा रही है।
कभी हलकी ठंडी बयारें,
जो चुपचाप हमारे चेहरे को सहलाती थीं,
अब तेज़ हवाओं में बदल चुकी हैं,
जिनमें बर्फ़ीली सर्दी की अजनबी छांव है।

गर्मियों में जो तपन कभी हल्की सी सुलगन बनती थी,
अब वो एक धधकती हुई आग है,
जो धरती को सुलगाती है,
और आकाश की नीला रंग को धुंधला कर देती है।
कहीं जलते हुए दरख़्तों के क़िस्से हैं,
कहीं सूखे नदियों के कगार,
हर तरफ़ एक घना शोर है,
जो मौसम के बदलने से ज्यादा
हमारी आत्मा को झकझोरता है।

क्या यह बदलाव बस एक प्राकृतिक चक्र है?
या फिर यह हमारी उन नासमझियों का परिणाम है,
जो हमने अनदेखा किया,
जब हमने इन मौसमों को,
इन प्राकृतिक संकेतों को,
बेहिसाब लापरवाही से छोड़ दिया था?

बर्फ़ के पिघलने से,
ग्लेशियरों का ढहना,

यह एक अभिशाप की तरह बढ़ता जा रहा है,
जो हमारे हाथों से बाहर निकलता जा रहा है,
और हम उसे केवल देख रहे हैं,
नफ़रत और चिंता की नज़रों से,
लेकिन कभी कोई कदम नहीं उठा रहे।

क्या बदलते मौसम के इस कहर में
हमारी मानवता का भी कुछ बचेगा?
क्या हम तब भी अपने भव्य महल और कांच के महलों में
शामिल होते रहेंगे,
जब सब कुछ खत्म हो चुका होगा?

अब समय आ गया है,
जब हमें यह समझना होगा
कि बदलते मौसम सिर्फ़ मौसम नहीं,
हमारी आत्मा के भी बदलते रंग हैं।
यह हमें हमारी कमजोरियों का एहसास कराता है,
हमें यह बताता है कि धरती के ज़ख्म,
हमें महसूस होते हैं,
लेकिन क्या हम इसे बदलने के लिए
कुछ कर पाएंगे,
या फिर हम इसे नज़रअंदाज करते हुए
और भी बर्बाद करेंगे?

जहरीली खाद्य श्रृंखला

हम जिस धरती पर जीवित हैं,
उसकी गोदी में जो बीज पड़े थे,
अब वे बीज सिर्फ़ ज़हर की जड़ें बन चुके हैं,
और हम, अनजान, उन्हें खा रहे हैं,
अपने ही हाथों से खुद को मारते हुए।

ये खाद्य श्रृंखला, जो कभी जीवन का कच्चा रूप थी,
अब विष के एक और जाल में बदल गई है,
जो मिट्टी के भीतर से उठता है,
और हमारे स्वाद के स्वाद में समा जाता है।

जहरीले रसायन, जिन्हें कभी उपचार समझा गया,
अब खाद्य पदार्थों में मिलकर हमारे खून में घुल रहे हैं,
हमारी परवाह किए बिना,
ये रासायनिक घटक धीरे-धीरे हमारी त्वचा में समाते जा रहे हैं,
मानो वे हमारी धमनियों के साथ खेल रहे हों।

प्रकृति ने जो हमें दिया था,
उसकी शुद्धता अब बेमानी हो चुकी है,
हर फल, हर सब्ज़ी,
अब अपनी मूल पहचान खो चुकी है।
जो कल ताजगी से भरा था,
आज वह दुर्गंध से लिपटा है,
जैसे हम स्वयं अपने अस्तित्व से मुंह मोड़ चुके हैं।

यह खाद्य श्रृंखला, जो हमें शक्ति देती थी,
अब हमें बस कमजोरी दे रही है,
हमारे शरीर की कोशिकाएँ,
जो कभी पूरी तरह से जीवंत थीं,

अब धीरे-धीरे मर रही हैं,
जैसे किसी रोग ने हमारे शरीर को जकड़ लिया हो।

और क्या हम इसे रोक सकते हैं?
क्या हम अपनी थाली में वह सच को देख सकते हैं,
जो हमसे छुपाया गया है?
क्या हम उन हाथों को पहचान सकते हैं,
जो हमें इस जहर को परोस रहे हैं?

या फिर हम ऐसे ही चुपचाप
इस खाद्य श्रृंखला का हिस्सा बने रहेंगे,
इस जहर को पीते हुए,
अपने बच्चे, अपने परिवार को भी
उसके साथ खोते हुए,
और फिर खुद को,
एक दर्दनाक अंत की ओर बढ़ाते हुए देखेंगे?

लेकिन क्या हम कुछ कर सकते हैं?
क्या हम उस प्रकृति से वापस कुछ ले सकते हैं,
जो कभी हमारे लिए जीवन की संजीवनी थी?
क्या हम उन खाद्य श्रृंखलाओं को फिर से शुद्ध कर सकते हैं,
क्या हम उन ज़हरीले पदार्थों को रोक सकते हैं,
जो हमारे जीवन को धीरे-धीरे निगल रहे हैं?

यह सवाल हमारे समक्ष है,
क्या हम इसे अनदेखा करेंगे,
या फिर हम अपनी थाली में,
वह हर कौर लेने से पहले
इसे बदलने की कोई राह खोजेंगे।

जीवन का सिकुड़ता दायरा

वह समय था जब आसमान खुला था,
पृथ्वी अपनी पूरी आभा में फैली हुई थी,
मनुष्य की दृष्टि सागर जितनी गहरी थी,
और उसकी चाहतें अनंत थीं।
हर दिन एक नई राह खोलता था,
नई संभावनाओं का एक काफिला आता था,
कहीं न कहीं, हर मोड़ पर एक और शुरुआत थी।

लेकिन अब, यह जीवन सिकुड़ता जा रहा है,
जैसे एक आकाश जिसे घेर लिया हो कुहासा,
जैसे कोई चिड़ीया अपनी पंखों को मोड़कर
अपनी उड़ान को संकुचित करती जा रही हो।
जो कभी हर कण में जीवन की उमंगें महसूस होती थीं,
अब उनमें एक ठंडी सिहरन है,
जो मानो हर सांस को छोटा कर रही हो,
और हर कदम को क़ैद कर दे रही हो।

हम जो कभी खुद को समुद्र की लहरों में खो जाते थे,
अब उन लहरों से डरते हैं,
जो कभी धरती पर बिखरी हुई थी,
अब सिमटकर हमारे दिलों तक पहुँचने लगी हैं।
यह जो बढ़ते हुए दबाव और तनाव हैं,
जो हमारे आसपास रेंगते हैं,
उन्होंने हमारे कंधों पर जो बोझ डाला है,
वह अब हर पल हमें अपनी ओर खींचता है।

क्या हुआ उस विशाल स्वप्न को,
जो कभी हमारे भीतर हर सुबह नयी उम्मीदों के साथ उभरता था?
क्या वह स्वप्न अब सिकुड़कर सिर्फ़ यादों में समाहित हो गया है?

क्या वह स्थान, जिसे हम कभी अपने जीवन का केंद्र मानते थे,
अब हमारी चुप्प में विलीन हो चुका है?

मनुष्य का दायरा अब केवल चार दीवारों में सिमटकर रह गया है,
वह प्रकृति, जो कभी उसका साथी थी,
अब किसी और के कब्ज़े में है।
हमारे सपनों की ऊँचाई अब सिर्फ़ हम तक सिमटी है,
जो कभी आसमान को छूने की उम्मीद रखते थे,
अब उन्होंने अपनी राहें बदल दी हैं,
उन रास्तों में बिखरे हुए काँटे अब
हमारे कदमों में चुभने लगे हैं।

हर रोज़, जब हम अपने विचारों के दायरे में कैद हो जाते हैं,
तो लगता है जैसे एक सिकुड़ा हुआ आकाश हमारे सिर पर मंडरा
रहा हो,
जैसे एक दीवार हर दिशा में खड़ी हो,
जो हमारे अस्तित्व को सीमित कर देती है।
सपने अब सिर्फ़ बिसरी धुंध की तरह हैं,
जो कभी कच्चे थे, अब पूरी तरह से धुंधले हो गए हैं।

लेकिन क्या यही हमारा अंतिम दायरा होगा?
क्या हम केवल इस सिकुड़े हुए जीवन में जीते रहेंगे,
या फिर हम उस खुली हवा को ढूंढेंगे,
जो कभी हमारे अस्तित्व का हिस्सा थी?
क्या हम उस स्वप्न को फिर से देख पाएंगे,
जो हमें आकाश से जोड़ता था?

यह सवाल हमारे भीतर गूंजता है,
क्या हम अपने जीवन के सिकुड़े हुए दायरे से बाहर निकल सकते
हैं?
क्या हम उस प्रचंड ताकत को फिर से महसूस कर सकते हैं,

जो कभी हमारे सपनों को सच कर देती थी?
यह केवल एक सोच नहीं,
बल्कि एक संकल्प होना चाहिए,
क्योंकि जीवन का सिकुड़ता दायरा
हमारी नज़रों में नहीं,
हमारी सोचों में सीमित है।

बीमारियां, जो हमने चुनी

बीमारियाँ कभी भी अचानक नहीं आतीं,
वे हमारे भीतर, हमारी इच्छाओं और आदतों के बीज बनकर उगती हैं,
धीरे-धीरे, एक अनदेखी प्रक्रिया में,
हमारी ज़िंदगी का हिस्सा बनती हैं।
हमने इन्हें चुना, अनजाने में,
अपने दिनचर्या के विकृत रूपों में,
जो हमें आराम देते थे,
लेकिन हमारी आत्मा को कमजोर करते थे।

हमने उन सबको अपनाया,
जो झूठे वादों से सजे थे–
हमारी चाहतों को सुलाने वाले,
जो तात्कालिक सुखों के बाद
हमारे शरीर को तोड़ते गए।
हमने उन्हीं रास्तों को चुना,
जो सीधे होते हुए भी,
अज्ञेय अंधेरे में जाते थे,
जहाँ हमें बस वादा था,
एक और खुशी का पल,
पर वे पल किसी गहरी खाई के पास थे।

हमने चयन किया उन अस्वास्थ्यकर आदतों का,
जो आसानी से उपलब्ध थीं,
जो स्वाद में चटपटी थीं,
पर असर में घातक।
हमने चुना था आराम और आलस्य,
जिससे हमारी नसों में नीरसता घुलने लगी,

और हमारी आत्मा में यह डर बैठ गया,
कि कहीं हम खुद से ही भाग न जाएं।

हमने वक्त का परिहास किया,
और समय की आवश्यकता को नजरअंदाज किया।
हमने हर एक छोटे संकेत को नकारा,
जो हमें हमारे शरीर की ओर इशारा कर रहा था।
हमने वही जीवन चुना,
जिसमें हंसी थी, लेकिन आंसुओं की कीमत थी,
हमने वही जीवन चुना,
जिसमें आनंद था,
लेकिन पीड़ा छुपी हुई थी।

हमने उन बीमारियों को स्वीकार किया,
जो हमारी गलत आदतों से उभरी थीं,
जो हमारी अपनी लापरवाहियों की उपज थीं।
हमने हर दर्द को एक साधारण लक्षण समझा,
हर चेष्टा को एक थकान का हिस्सा,
जबकि असल में, ये संकेत थे,
जो हमें खुद से लौटने का कहते थे,
हमने उन संकेतों को नकारा,
और बीमारियों को गले लगा लिया।

क्या हम उन्हें देख पाएंगे,
जो हमने चुना था,
या फिर हम इन बीमारियों के बीच ही खोते जाएंगे?
क्या हम उन रास्तों पर वापस लौट सकते हैं,
जो हमें अपनी असल शक्ति का अहसास कराते थे?
क्या हम उन बीमारियों से बाहर निकल सकते हैं,
जो हमारे हाथों ही खुद को चुनने से उत्पन्न हुई थीं?

यह सवाल हमें हर दिन खड़ा करता है,
क्या हम एक नया रास्ता अपना सकते हैं,
क्या हम अपनी ज़िंदगी को एक और दिशा दे सकते हैं,
जहाँ हमें बीमारियाँ नहीं,
बल्कि स्वस्थ जीवन के संकेत मिलें।
क्योंकि बीमारियाँ केवल रोग नहीं,
वे हमारे चुनने का परिणाम हैं,
हमेशा एक खतरनाक संकेत,
जो हमें खुद से मिलने का मौका देती हैं।

धुंधला होता भविष्य

एक धुंधलका, जो हमारी आँखों के आगे है,
हमारे सपनों के रास्ते को धुंधला कर रहा है,
एक भविष्य जो कभी साफ और चमकदार था,
अब एक अस्पष्ट चित्र की तरह बदल रहा है।
हमने जो चाहा था, उसे हम नहीं देख पा रहे हैं,
क्योंकि वह दूर चला गया है,
जैसे एक क्षणिक सपना,
जो सुबह की पहली किरण के साथ ही खो गया हो।

वह समय था जब हर दिन एक नई शुरूआत होती थी,
एक नया स्वप्न, एक नई योजना,
एक नया दृष्टिकोण।
लेकिन अब, वह उज्जवल भविष्य,
जो हमें अपनी ओर खींचता था,
वह अब बस एक धुंधला सा हरेक है,
जो हमें एक अंधेरे में खो जाने का अहसास कराता है।

क्या हमने अपनी राहें बदल दी हैं?
क्या हम उस उज्ज्वल मार्ग से भटक गए हैं,
जिससे हमें हमेशा से प्यार था?
या फिर यह केवल हमारी चाहतों की हदें हैं,
जो अब हमें सीमित कर रही हैं?
हमारा भविष्य, वह जो हमें देखना था,
अब एक संदेहपूर्ण धुंध में लिपटा है,
जैसे किसी ने हमारे सपनों पर एक पर्दा डाल दिया हो।

यह सवाल हमें हर सुबह उठाता है,
क्या हमारा कल अब केवल एक ख्वाब बनकर रह जाएगा?
क्या हम कभी उस भविष्य को पा सकेंगे,

जो हमें दूर से दिखता था?
या यह सिर्फ एक छलावा था,
एक कागज की नाव, जो हमारे हाथ से छूट गई है?

धुंधला होता भविष्य,
वह जो हमें एक दिशा देने वाला था,
अब बस एक अनजाने डर में बदल गया है।
क्या हम अपनी राह पर वापस लौट सकते हैं?
क्या हम उस स्थान पर जा सकते हैं,
जहाँ हर दिशा उज्ज्वल हो?
यह एक कठिन प्रश्न है,
जो हमें हमारे हर कदम के साथ चुनौती देता है।

यह धुंधलका, जो हमें हमारे सपनों से दूर करता है,
वह हमें हमारी अपनी सोच का परिणाम प्रतीत होता है।
हमने कभी नहीं सोचा था कि यह धुंधला भविष्य,
हमारी स्वयं की गलियों का साया बन जाएगा।
अब हमें यह देखने की जरूरत है,
कि क्या हम इसे बदल सकते हैं,
या फिर हमें इसे सिर्फ़ स्वीकार करना होगा,
जैसे एक सामान्य भाग्य।

लेकिन क्या हम खुद को इस धुंध से बाहर निकाल सकते हैं?
क्या हम अपनी आंखों को खोल सकते हैं,
और उस उज्जवल भविष्य को देख सकते हैं,
जो अब भी हमारे पास है?
यह सवाल हमें हमारी इच्छाशक्ति के साथ खड़ा करता है,
क्या हम उस जगह पर जा सकते हैं,
जहाँ हर दिन एक नया सूर्योदय हो?

क्योंकि भविष्य धुंधला हो सकता है,

लेकिन हमारी इच्छाशक्ति,
वह हमारी सबसे बड़ी ताकत है।
हम उसे बदल सकते हैं,
हम उसे सही दिशा दे सकते हैं,
और उस धुंध को दूर कर सकते हैं,
जिसने हमारे सपनों को धुंधला किया है।
हमारा भविष्य, जो धुंधला हो सकता है,
वह एक नए सूर्योदय की शुरुआत हो सकता है।

भाग 4
चेतावनी और समाधान

प्रकृति का न्याय

धरती की छाती पर जब गहरे घाव किए,
वनों को काटा, नदियों को बाँधा,
आकाश में धुएँ की लकीरें खींचीं,
सूरज को धुंधला किया,
तब प्रकृति ने मौन साध लिया।

उस मौन में थी चेतावनी,
वृक्षों की सूखती डालियों में,
नदियों के खाली होते पेट में,
पक्षियों के खोते बसेरों में,
सूरज की तपिश में बढ़ता रोष था।

हमने सुनी नहीं वह चेतावनी,
हम व्यस्त थे ऊँची इमारतों में,
जिनकी नींव में दफन थे जंगल।
हमने देखा नहीं आसमान का रंग,
जो अब नीला नहीं, भूरा हो चुका था।

प्रकृति ने न्याय का चक्र घुमाया,
बाढ़ ने नगर निगल लिए,
सूखा धरती को चीर गया,
हवा ने साँसों को जहर बनाया,
भूकंप ने ईंट-ईंट का हिसाब माँगा।

यह प्रकृति का प्रकोप नहीं,
यह उसका न्याय था,
उसकी सजा, उसके संतुलन का पाठ।
उसने हमें वही लौटाया,
जो हमने उसे दिया था।

लेकिन न्याय के इस प्रवाह में
एक किरण बची थी,
एक आशा का स्वर,
जो कह रहा था —
"अभी समय है।"

हम बीज बो सकते हैं,
हरियाली को लौटाकर,
नदियों को मुक्त करके,
आकाश को स्वच्छ कर सकते हैं।
हमने जो छीना,
वह लौटा सकते हैं।

प्रकृति न्यायप्रिय है,
लेकिन क्षमाशील भी।
वह प्रतीक्षा कर रही है,
हमारे कदमों की।
क्या हम सीखेंगे?
क्या हम समझेंगे?
या फिर एक और न्याय के लिए,
स्वयं को उसके कठघरे में खड़ा पाएँगे?

जागो! कंही देर न हो जाए

सुनो,
धरती की धड़कन धीमी हो रही है।
नदियों का संगीत थमने लगा है,
पेड़ों की जड़ें सूख रही हैं,
पंछियों के गीत चुप हो रहे हैं।
क्या तुम सुन सकते हो
इस मौन की चीख?

आसमान धुएँ से भर चुका है,
सूरज के किरणों में जलन है।
हवा अब जीवन नहीं देती,
बल्कि साँसों को रोकती है।
धरती की गोद बंजर हो रही है,
और हम?
हम आँखें मूँद कर भाग रहे हैं,
सुविधा के उस स्वप्न की ओर,
जो विनाश की ओर ले जाता है।

जागो!
कहीं देर न हो जाए।
यह समय चेतने का है,
अपने हाथों से मिट्टी को थामने का,
अपनी साँसों में ताजी हवा भरने का।
यह समय है अपने बच्चों के लिए,
एक सुरक्षित कल बनाने का।

क्या तुम्हें नहीं दिखता?
तुम्हारे शहर का बढ़ता तापमान,
तुम्हारे खेत की फटी हुई मिट्टी,
तुम्हारे घर के पीछे की मरती हुई नदी।

क्या यह तुम्हारी चिंता नहीं?
क्या यह तुम्हारी जिम्मेदारी नहीं?

जागो!
कहीं देर न हो जाए।
हर बीज एक वादा है,
हर वृक्ष एक प्रार्थना।
हर बूँद जल की,
एक जीवन की गारंटी।
हर सांस शुद्ध हवा की,
एक नई शुरुआत।

यह धरती तुम्हारी है,
तुम्हारे बच्चों की है,
उनके बच्चों की है।
क्या तुम इसे यूँ ही
खंडहर बनते देखोगे?

जागो!
आवाज़ दो अपने भीतर के इंसान को,
जो सृजन में विश्वास करता है।
आवाज़ दो अपने भीतर के रक्षक को,
जो जीवन को बचाना जानता है।

अगर आज नहीं,
तो शायद कल कभी नहीं।
क्योंकि धरती हमें बुला रही है,
अपनी बाँहों में, अपने आँसुओं में,
अपने जख्मों को दिखाकर।
क्या तुम उसे अनसुना करोगे?

जागो!
कहीं देर न हो जाए।

जलवायु परिवर्तन की त्रासदी

सूरज तपता है अब,
जैसे उसका रोष दहाड़ रहा हो।
हवा में घुल चुकी है घुटन,
हर साँस एक प्रश्न बन चुकी है —
कब तक?
कब तक सहेंगे यह अंधकार?

नदियाँ सिकुड़ रही हैं,
जैसे अपमानित होकर लौट रही हों।
सागर की लहरें उफन रही हैं,
जैसे अपने किनारों को निगलने की तैयारी में हों।
धरती की गोद जलती है,
और बर्फ की चादरें फिसल रही हैं।
क्या यह तुम्हें नहीं डराता?

पक्षी, जो कभी आकाश में गाते थे,
अब अपने घोंसले खोजते हैं।
जंगल, जो जीवन का गान थे,
अब राख के ढेर में बदल रहे हैं।
हमारी लालसा की आग ने,
धरती की धड़कनों को कुचल दिया है।

यह त्रासदी आकस्मिक नहीं,
यह हमारी ही कथा है।
विकास के नाम पर बिछाई गई,
एक अनंत यातना की सड़क।
जहाँ मशीनें दौड़ती हैं,
और मनुष्य, धूल में बदलता है।

लेकिन सुनो,
हर त्रासदी का अंत हो सकता है।
हर गहरी खाई के पार,
एक पुल बनाया जा सकता है।
प्रकृति ने हमें संकेत दिए हैं,
जिन्हें हम अनदेखा नहीं कर सकते।

आओ,
अपनी भूलों को स्वीकार करें।
धरती की लय को पुनः पाएं।
हर पेड़, हर बूँद,
हर चिड़िया, हर साँस,
हमारी पुनर्वास की प्रतीक बन सकती है।

हमने जो तोड़ा,
उसे जोड़ा जा सकता है।
हमने जो छीना,
उसे लौटाया जा सकता है।
प्रकृति अब भी प्रतीक्षा कर रही है,
हमारी सुधरने की।

लेकिन ध्यान रखना,
समय सीमित है।
यदि हमने इसे खो दिया,
तो यह त्रासदी,
हमारी अंतिम कथा बन जाएगी।

इसलिए,
चलो अभी,
चलो साथ,
चलो धरती के लिए,

चलो जीवन के लिए।
जलवायु परिवर्तन की त्रासदी,
हमारी परीक्षा है।
क्या हम इसे पास करेंगे?

हरियाली की पुकार

सुनो,
वृक्षों की सिहरती पत्तियों में,
एक पुकार है।
यह हवा, जो कभी गीत गाती थी,
अब सन्नाटे में गूँज रही है।
क्या तुम सुन सकते हो
धरती की उस मूक पुकार को,
जो हरियाली के माध्यम से
तुम्हें जगा रही है?

वृक्ष कह रहे हैं,
"हम तुम्हारी साँसों का आधार हैं।
हम वो हैं,
जो आकाश से जीवन खींचकर
तुम्हारी धरती पर बाँटते हैं।
फिर क्यों तुम हमारी जड़ों को काटते हो?
क्यों तुम्हें यह समझ नहीं आता,
कि हर कटी शाख
तुम्हारे भविष्य का अंश है?"

घास की नर्म चादर,
जो तुम्हारे पैरों को सहलाती थी,
अब सूखकर धूल बन चुकी है।
फूलों के रंग,
जो तुम्हारी आँखों को सुकून देते थे,
अब मुरझा गए हैं।
हरियाली की वह मुस्कान,
जो कभी जीवन का प्रतीक थी,
अब कराह बन चुकी है।

क्या तुम नहीं समझते?
जब जंगल जलते हैं,
तब सिर्फ वृक्ष नहीं,
तुम्हारी साँसें भी जलती हैं।
जब नदियाँ सूखती हैं,
तब सिर्फ पानी नहीं,
तुम्हारा भविष्य भी सूखता है।

हरियाली पुकार रही है,
"वापस लौट आओ।
विकास के नाम पर,
विनाश का यह चक्र बंद करो।
हमें काटने से पहले,
एक बीज तो बो लो।
हमें जलाने से पहले,
एक छाँव तो बना लो।"

वृक्षों के बिना
यह धरती बंजर हो जाएगी।
हरियाली के बिना
तुम्हारे सपने वीरान हो जाएँगे।
यह पुकार सिर्फ हरियाली की नहीं,
यह तुम्हारे अपने जीवन की पुकार है।

तो उठो,
एक वृक्ष लगाओ,
हर उस जगह पर,
जहाँ से हरियाली गायब हो चुकी है।
हरियाली के लिए
तुम्हारी हर कोशिश
धरती के जख्मों पर मरहम होगी।

सुनो,
यह सिर्फ चेतावनी नहीं,
यह समाधान है।
हरियाली की यह पुकार
तुम्हें नया जीवन दे सकती है।
तो क्या तुम इसे अनसुना करोगे?
या धरती के साथ खड़े होकर
इस पुकार का उत्तर दोगे?

फैसला तुम्हारा है।
लेकिन याद रखना,
हरियाली की पुकार
तुम्हारे जीवन का आह्वान है।
जागो,
और इसे बचाओ,
कहीं ऐसा न हो
कि हरियाली हमेशा के लिए
चुप हो जाए।

पुनर्चक्रण का गीत

सुनो,
एक गीत गूँज रहा है
धरती की गहराइयों से।
एक गीत, जो नदियों की लहरों में,
पवन की सरसराहट में,
और मिट्टी की गंध में छिपा है।
यह पुनर्चक्रण का गीत है,
जीवन के चक्र को दोहराने का आह्वान।

तुम्हारे हाथों में प्लास्टिक की बोतलें,
जिन्हें तुम लापरवाही से फेंक देते हो,
धरती की नसों को जाम कर रही हैं।
तुम्हारे घरों का कचरा,
जो नालियों में ठहरा है,
समुद्र की लहरों को जहरीला बना रहा है।
क्या तुमने कभी सोचा,
इस कचरे का अंत कहाँ है?

पुनर्चक्रण का गीत कहता है,
"हर चीज़ जो तुम बनाते हो,
उसे फिर से उपयोग में लाना सीखो।
जो टूटा है, उसे जोड़ो।
जो बेकार है, उसे नया रूप दो।
क्योंकि कुछ भी बेकार नहीं,
अगर तुम उसे समझदारी से देखो।"

पुराने कपड़े, जो तुमने छोड़ दिए,
किसी के लिए सर्दियों का सहारा बन सकते हैं।
कागज़, जो तुमने फाड़कर फेंक दिया,

फिर से नया जीवन पा सकता है।
प्लास्टिक, जो धरती पर सदियों तक रहेगा,
एक नई वस्तु बन सकता है,
अगर तुम उसे सही जगह पहुँचाओ।

यह गीत सिर्फ वस्तुओं का नहीं,
यह जीवन का भी है।
हर गलती को सुधारने का अवसर है।
हर बर्बादी को बचाने की संभावना है।
हर अंत, एक नई शुरुआत बन सकता है।

सुनो,
धरती कहती है,
"मैंने तुम्हें सब कुछ दिया —
पानी, हवा, मिट्टी, भोजन।
अब समय है,
कि तुम मुझे कुछ लौटाओ।
अपनी आदतों को बदलकर,
मुझे मेरी लय लौटाओ।"

क्या तुम तैयार हो?
अपनी थाली में उतना ही लो,
जितना खा सको।
अपने कचरे को छाँटो,
ताकि जो उपयोगी हो,
वह फिर से जीवन पा सके।
पुरानी चीज़ों को फेंको नहीं,
उन्हें एक नया रूप दो।

पुनर्चक्रण का यह गीत,
सिर्फ धरती का नहीं,

तुम्हारे भविष्य का भी है।
अगर तुमने इसे सुना,
तो यह धरती तुम्हें आशीर्वाद देगी।
अगर अनसुना किया,
तो यह गीत
शोकगान बन जाएगा।

तो आओ,
हम सब मिलकर गाएँ,
पुनर्चक्रण का गीत।
हर वस्तु, हर संसाधन,
हर प्रयास,
धरती के घावों को भर सकता है।
यह गीत उम्मीद का है,
यह गीत जीवन का है।
क्या तुम इसे गाओगे?

स्वच्छता का मंत्र

सुनो,
धरती के आँचल पर पड़ी धूल की परतें
तुम्हारी लापरवाही की कहानी कह रही हैं।
यह गंदगी,
जो गलियों, नालियों, और मैदानों में पसरी है,
केवल कचरा नहीं,
यह हमारी सोच का प्रतिबिंब है।

स्वच्छता का मंत्र गूँजता है,
"शुरुआत खुद से करो।
अपने घर से, अपने आँगन से,
अपने मन से।
क्योंकि स्वच्छता सिर्फ बाहर की नहीं,
अंदर की भी जरूरत है।"

हर कूड़ा, जो तुम फेंकते हो,
किसी नदी को गंदा करता है।
हर प्लास्टिक की थैली,
धरती की साँसों को रोकती है।
हर गाड़ी का धुआँ,
हवा में ज़हर घोलता है।
क्या यह तुम्हारी जिम्मेदारी नहीं
कि इस चक्र को तोड़ो?

स्वच्छता का मंत्र कहता है,
"हर कदम मायने रखता है।
जब तुम एक सड़क को साफ करते हो,
तुम सिर्फ मिट्टी नहीं हटाते,
बल्कि धरती का भार हल्का करते हो।

109

जब तुम कचरे को अलग करते हो,
तुम पुनःजीवन की संभावना बढ़ाते हो।
हर छोटी कोशिश,
एक बड़ी लहर बन सकती है।"

यह मंत्र हमें याद दिलाता है,
कि स्वच्छता सिर्फ सरकार की जिम्मेदारी नहीं,
यह हर व्यक्ति का कर्तव्य है।
तुम्हारे छोटे कदम —
कचरा न फैलाना,
पुनर्चक्रण अपनाना,
जल और ऊर्जा की बचत करना —
धरती को नया जीवन दे सकते हैं।

सोचो,
अगर हर हाथ मिल जाए,
तो यह धरती कितनी सुंदर हो सकती है।
हर शहर, हर गाँव,
फिर से खिल उठेगा।
नदियाँ फिर से साफ होंगी।
हवा फिर से सांस लेने लायक होगी।
क्या तुम ऐसा भविष्य नहीं चाहते?

तो आओ,
इस मंत्र को अपनाएँ।
अपने बच्चों को सिखाएँ,
कि स्वच्छता एक आदत है,
जो हमें और हमारी धरती को बचा सकती है।
अपने आस-पास को देखो,
क्या वहाँ कुछ ऐसा है,
जो सुधार की जरूरत में है?

उसे सुधारो।
क्योंकि हर छोटी पहल
एक बड़ा बदलाव ला सकती है।

स्वच्छता का मंत्र कहता है,
"शुरुआत तुम्हारे मन से होती है।
जब मन साफ होता है,
तो हाथ खुद ब खुद काम में लग जाते हैं।"
तो उठो,
धरती को उसके असली रूप में लौटाने का प्रयास करो।
स्वच्छता का यह मंत्र,
हमारी धरती के जख्मों का मरहम बन सकता है।
क्या तुम इसे अपनाओगे?

पर्यावरण प्रेम का संकल्प

आज,
जब हवा में ज़हर है,
पानी में विष है,
और धरती की छाती पर ज़ख्म हैं,
हम खड़े हैं एक मोड़ पर।
एक मोड़,
जहाँ हमें चुनना होगा —
विनाश का मार्ग,
या प्रेम का संकल्प।

धरती कहती है,
"मुझे प्रेम चाहिए,
मुझे तुम्हारे हाथों की नरम छुवन चाहिए।
मैंने तुम्हें फूल दिए,
छाँव दी,
जीवन दिया।
अब समय है कि तुम लौटाओ।"

पर्यावरण प्रेम का संकल्प,
यह केवल शब्द नहीं,
यह एक क्रांति है,
जो हर दिल में जलनी चाहिए।
यह वादा है,
हर पेड़ को बचाने का,
हर नदी को फिर से गाने देने का,
और हर जीव को उसका अधिकार लौटाने का।

क्या तुम सुन सकते हो?
जंगल की सूखी पत्तियाँ फुसफुसा रही हैं,

"हमें जलाओ मत,
हमें बढ़ने दो।
हम तुम्हारी साँसें हैं।"
नदियाँ चिल्ला रही हैं,
"मुझे साफ करो,
मुझे जहर से बचाओ।
मैं तुम्हारी प्यास हूँ।"

पर्यावरण प्रेम का संकल्प
हमसे कहता है,
"हर छोटी कोशिश मायने रखती है।
एक वृक्ष लगाओ,
अपने हिस्से का कचरा संभालो।
जितनी ऊर्जा चाहिए,
बस उतनी ही लो।"

यह संकल्प तुम्हें बाँधता नहीं,
यह तुम्हें मुक्त करता है।
तुम्हारी आत्मा को,
तुम्हारे मन को,
एक नए प्रकार की स्वतंत्रता देता है।
क्योंकि जब धरती हरी होगी,
तब ही तुम्हारा जीवन सुखमय होगा।

तो आओ,
आज इस क्षण में ठहरो,
और यह संकल्प लो:
"मैं हरियाली का संरक्षक बनूँगा।
मैं जल को बर्बाद नहीं करूँगा।
मैं हवा को स्वच्छ रखूँगा।
मैं अपने पर्यावरण से प्रेम करूँगा।"

याद रखो,
यह धरती सिर्फ तुम्हारी नहीं,
यह उन बच्चों की है,
जो अभी जन्मे भी नहीं।
उनके लिए,
तुम्हें इसे बचाना होगा।

तो आओ,
पर्यावरण प्रेम का यह दीप जलाएँ।
एक ऐसा दीप,
जो कभी न बुझे।
एक ऐसा संकल्प,
जो धरती के जख्मों को भर दे।
आओ,
आज और अभी से शुरू करें।

प्रदूषण से मुक्ति की और

धुंध से भरी सुबह,
जहाँ सूरज भी झिझकता है
अपनी किरणें फैलाने से।
नदियों की मूक चीखें,
जो बहती तो हैं,
पर जीवन देने से कतराती हैं।
हवा, जो कभी ताजगी का एहसास कराती थी,
अब फेफड़ों में जलन बनकर उतरती है।

यह कैसा संसार है
जो हमने रचा है?
क्यों हमारी प्रगति,
हमारी प्रकृति का दुश्मन बन गई?
क्यों हर कदम,
जो हमने भविष्य की ओर बढ़ाया,
धरती के वर्तमान को घायल करता गया?

अब समय है,
कि हम अपने घावों को पहचानें।
हमारी गलती को स्वीकारें।
और बढ़ें उस दिशा में,
जो प्रदूषण से मुक्ति की ओर ले जाए।

नदियाँ पुकारती हैं,
"मुझे अपने कचरे से मुक्त करो।
मुझे वह शुद्धता लौटाओ,
जो मेरे अस्तित्व का आधार थी।"
हवा कहती है,
"तुम्हारे कारखानों की चिमनियों से

मेरे जीवन को मत चुराओ।
मुझे वह स्वच्छता दो,
जो हर जीव के लिए जरूरी है।"
धरती गिड़गिड़ाती है,
"मेरी कोख को प्लास्टिक से मत भर दो।
मुझे फिर से उपजाऊ बनाओ।"

प्रदूषण से मुक्ति का मार्ग
हमारे छोटे-छोटे कदमों में छिपा है।
हर पौधा जो तुम लगाओगे,
हर वाहन जो तुम रोकोगे,
हर वस्तु जो तुम पुनःचक्रित करोगे —
यह सब मिलकर
एक नया संसार गढ़ सकते हैं।

यह राह आसान नहीं होगी।
तुम्हें अपने स्वार्थ को त्यागना होगा।
तुम्हें वह देखना होगा,
जो आँखों से नहीं,
पर दिल से महसूस होता है।
तुम्हें अपने बच्चों के भविष्य को सोचना होगा,
जो तुम्हारे आज के फैसलों पर निर्भर है।

तो आओ,
एक नई शुरुआत करें।
प्रत्येक व्यक्ति,
अपना योगदान दे।
हर गली, हर शहर,
हर गाँव,
एक संदेश फैलाए —
"हम प्रदूषण से मुक्त होंगे।

हम धरती को उसका सम्मान लौटाएँगे।"

यह न केवल धरती का प्रश्न है,
यह हमारे अस्तित्व का भी प्रश्न है।
अगर हम नहीं बदले,
तो यह धुंध,
यह गंदगी,
हमारे अंत का कारण बनेगी।

पर अगर हम ठान लें,
तो हवा फिर से महकेगी।
नदियाँ फिर से गाएँगी।
धरती फिर से हरी-भरी होगी।
और हम,
अपनी गलतियों से सबक लेकर
एक नई कहानी लिखेंगे।

तो आओ,
प्रदूषण से मुक्ति की ओर बढ़ें।
यह यात्रा लंबी है,
पर हर कदम मायने रखता है।
आज ही शुरुआत करें।
धरती इंतजार कर रही है।

एक नई शुरुआत का आह्वान

चलो,
फिर से उठें,
इस धूल, इस धुंध,
इस बिखरते संसार के बीच से।
चलो,
फिर से जिएं,
एक नई राह पर,
जहाँ धरती मुस्कुराए,
जहाँ आसमान गाए।

यह समय है बदलाव का,
समय है पुराने बोझ को त्यागने का।
वह बोझ,
जो हमने खुद पर डाला,
अपने लालच, अपनी लापरवाही से।
यह समय है एक नई शुरुआत का,
जहाँ हर कदम
धरती के जख्मों पर मरहम बने।

क्या तुम सुन सकते हो
धरती की पुकार?
उसकी हर आह,
हर फटी हुई मिट्टी की दरार,
तुमसे कहती है,
"आओ,
मुझे सहलाओ,
मुझे अपनाओ।
मुझे फिर से जीवित करो।"

हमने लंबे समय तक
केवल लिया है —
जंगलों से, नदियों से,
हवा से, मिट्टी से।
अब समय है देने का।
वापस लौटाने का।
उस हरियाली को,
उस स्वच्छता को,
जिसने हमें जीवन दिया।

एक नई शुरुआत का आह्वान,
यह केवल शब्द नहीं,
यह एक संकल्प है।
हर पेड़ जो तुम लगाओगे,
हर कचरा जो तुम पुनःचक्रित करोगे,
हर जल की बूँद जो तुम बचाओगे,
यह सब मिलकर
धरती को नया जीवन देंगे।

चलो,
हम एक ऐसा संसार बनाएं,
जहाँ हवा में ज़हर न हो,
जहाँ नदियाँ साफ़ बहें,
जहाँ जानवर स्वतंत्र हों,
जहाँ इंसान अपनी जिम्मेदारी समझे।

चलो,
एक ऐसा समाज बनाएं,
जहाँ बच्चे सीखें,
कि धरती उनकी माँ है।
जहाँ हर गली में स्वच्छता हो,

हर कोने में हरियाली।

यह आसान नहीं होगा।
लेकिन हर छोटी शुरुआत
एक बड़े बदलाव का हिस्सा बन सकती है।
हर बीज जो धरती में गिरेगा,
हर हाथ जो सफाई के लिए उठेगा,
हर मन जो जागेगा,
वह इस यात्रा का साथी होगा।

तो आओ,
आज से शुरू करें।
यह आह्वान तुम्हारा है,
मेरा है,
हम सबका है।
धरती इंतजार कर रही है।
उसके ज़ख्म भरने का समय आ गया है।
क्या तुम तैयार हो?
एक नई शुरुआत के लिए?

भाग 5
सकारात्मक भविष्य की ओर

स्वच्छ धरा, स्वस्थ धरा

धरती के हरे-भरे आंचल में
गूंजे एक अपूर्व राग,
यह जीवन की गीतमाला का स्वर है।
जहां से बहती हवा,
वह हरियाली का संदेश लेकर आई है।
यह जो धरा है,
वह किसी अज्ञात सूरज की तरह जलती नहीं,
बल्कि हर कण में शांति का एहसास है।

गंदगी, प्रदूषण और बर्बादी का वह पुराना दौर
अब केवल यादें बन कर रह गया है।
अब हम देख रहे हैं
वह परिवर्तन, वह सुधार,
जो हर दिशा में फैलता है।
कचरे का ढेर नहीं,
बल्कि साफ, स्वच्छ रास्ते हैं।
आसमान में नीला रंग फिर से स्पष्ट है,
जैसे धारा ने पृथ्वी की गहराई को फिर से पाया हो।

यह जो हरियाली अब बिखरी हुई है,
यह केवल वृक्षों की हरी-हरी शाखाएं नहीं,
बल्कि हर उस आत्मा का प्रतिबिंब है
जो धरती को एक स्वच्छता की ओर ले जाने के लिए जूझ रही है।
यह केवल पेड़-पौधे नहीं,
यह हमारी विचारों की ताजगी है।

आओ! हम संकल्प लें,
हम धरती से अपना प्रेम निभाएं,
जैसे प्रेम केवल तूलिका से नहीं,

बल्कि कर्मों से व्यक्त होता है।
हमारी हर छोटी-सी कोशिश,
धरती को स्वस्थ बनाने में सहायक हो,
हमारी जड़ें फिर से इस मिट्टी में गहरी हो जाएं,
जिसे हम संजोने के बजाय
सिर्फ उपभोग करते आए हैं।

धरा की कोख से,
हमारे बच्चे एक नए सूरज के नीचे जन्म लें,
जहां हवा की शुद्धता में
वह सांस लें,
पानी की पवित्रता में
वह जीवन पाएं,
जहां आकाश की नीली छांव में
वह अपनी उड़ान भरें।

यह हमसे जुड़ा हुआ है,
हमारी मानसिकता,
हमारा समर्पण,
हमारा मार्ग।
यदि हम सचमुच चाहते हैं
स्वच्छ धरा, स्वस्थ धरा,
तो यह संकल्प हमें अब से लेना होगा,
न केवल शब्दों में,
बल्कि कर्मों में।

आओ, हम एक साथ उठें,
धरती के प्रति हमारी जिम्मेदारी को स्वीकारें,
ताकि भविष्य के लिए हम
वह संजीवनी बीज बो सकें,
जो हर आने वाली पीढ़ी को
स्वच्छ और स्वस्थ जीवन का उपहार दे सके।

हरियाली का फिर से स्वागत

दूर से, कहीं आकाश में,
एक बदलती सुबह की चुपचाप रोशनी,
धरती पर पसरने वाली,
शांति का अहसास करती है।
हरियाली, जो कहीं खो गई थी,
अब फिर से अपनी चुप्पी तोड़ रही है।
वह अपनी खोई हुई मुस्कान
ध्यान से खोज रही है,
पृथ्वी की उस कोमल छांव में,
जहां अब शांति और सौंदर्य फिर से लौट आए हैं।

यह कोई साधारण दिन नहीं,
यह एक नया जीवन है,
जो पुनः उत्पन्न हो रहा है,
वह जीवन जो कभी अस्तित्व में था,
लेकिन समय और उपेक्षा के चलते
धुंधला गया था।
अब वह फिर से एकत्र हो रहा है,
हरी-भरी वनस्पतियां,
सुबह की ओस की नमी में नहाई हुईं,
अपने पुराने रूप में लौट रही हैं,
शुद्ध, ताजगी से भरी हुईं।

जो आकाश की परछाइयाँ
हमने वर्षों तक अनदेखा किया,
वह अब हमें एक नया संदेश दे रही हैं,
हरियाली का, जीवन का संदेश,
वह संदेश जो हमें
फिर से एक दूसरे से जोड़ने का काम करता है।

वह संदेश, जो धरती से निकलकर,
हमारे भीतर बसी जड़ों तक पहुंचता है,
यहां तक कि हम भी समझने लगते हैं,
कि यह पृथ्वी सिर्फ हमारा नहीं,
सभी जीवों और मनुष्यों का घर है।

अब, जो पत्तियों की सरसराहट है,
वह कोई पुरानी कहानी नहीं,
वह एक जीवित संगीत है,
जो हर जीव के दिल में गूंजता है,
एक संघर्ष का गीत है,
जो तब शुरू हुआ था, जब जंगलों का अस्तित्व खतरे में था।
लेकिन अब, हम समझ रहे हैं,
हमारा अस्तित्व उस जंगल से जुड़ा है,
वह हरियाली, वह जीवन,
वह हमारे स्वास्थ्य, हमारे भविष्य की कुंजी है।

जो पौधे हमें कभी अनदेखे थे,
अब वह हमारे मित्र बन चुके हैं,
हमारे आंगन में,
हमारी ज़िंदगी में।
हम समझते हैं कि जब हरियाली फिर से लौटती है,
तो वह केवल पृथ्वी का रंग नहीं बदलती,
बल्कि हमारे दिलों को भी सच्चाई और समर्पण से भर देती है।
वह हमें यह सिखाती है,
कि हमें केवल मिट्टी से प्यार नहीं करना,
बल्कि उसे संजोना, उसे उर्वर बनाना है,
ताकि वह हमें प्रचुरता, संतुलन और स्वास्थ्य दे सके।

हमारी आँखों में अब यह सपना है,
हरियाली की आशीर्वाद से नहाई हुई धरती,

जहां नदियाँ स्वच्छ बहती हैं,
जहां पहाड़ों में सर्द हवाएँ
जीवन के उत्सव का गीत गाती हैं,
जहां जंगल फिर से घने होते हैं,
और आकाश फिर से नीला हो जाता है।

यह एक आंदोलन नहीं,
बल्कि एक संवेदनशीलता है,
जो हमें यह समझाती है कि यह समय है,
हरियाली का स्वागत करें।
यह स्वागत केवल शब्दों का नहीं,
यह एक जीवनशैली का प्रतीक है,
जो हमें यह एहसास कराता है
कि जब हम प्रकृति को अपनाते हैं,
तो हम स्वयं को और अपने बच्चों को
एक स्वस्थ और समृद्ध भविष्य का उपहार देते हैं।

आओ, हम एकजुट हों,
इस हरियाली का स्वागत करें,
सिर्फ वृक्षों तक सीमित नहीं,
बल्कि हर उस सृजन तक
जो हमारी धरती को जीवन देता है,
ताकि हम एक ऐसे भविष्य का निर्माण कर सकें,
जहां हरियाली, शांति और जीवन की एक नई दिशा मिल सके।

नदियों का संगीत

नदियों की धारा में,
एक मौन राग बसा हुआ है,
वह संगीत नहीं,
बल्कि समय की गहरी आवाज है,
जो अतीत से वर्तमान तक बहती आई है,
और भविष्य को आशीर्वाद देती है।
यह कोई साधारण ध्वनि नहीं,
यह एक पुराना गीत है,
जो हर पथरीली चट्टान,
हर मोड़, हर जरा सी हलचल में
गूंज उठता है।

नदियाँ सिर्फ पानी नहीं,
वह एक जीवन रेखा हैं,
जो सभ्यता की आत्मा को
संगीत की तरह संजोए हुए हैं।
जैसे एक अज्ञात गायिका,
जो बिना किसी शब्द के
मनुष्य के हृदय को अपने गीतों से स्पर्श करती है,
वैसे ही नदियाँ हमें अपने प्रवाह से
जीवन के मूल्यों का अहसास कराती हैं।

हर बहाव, हर ठहराव,
हर छाया, हर झरना,
नदियों का गीत है,
जो पृथ्वी की धड़कन को
हम तक पहुँचाता है।
जब हम सुनते हैं उस संगीत को,
तो यह नहीं लगता कि यह केवल पानी की आवाज है,

बल्कि यह हमारी यात्रा है,
हमारी चिंता और हमारे सपनों का बयान है।

नदियाँ, जिनसे अनेकों संस्कृतियाँ बसीं,
अब भी हमें वह क़ीमत समझाती हैं
जो हमारे संबंधों की,
हमारी एकता की,
हमारे धरती से रिश्ते की है।
जब वह धीरे-धीरे बहती हैं,
हम महसूस करते हैं कि जीवन में भी
हर तूफान के बाद एक शांतिपूर्ण बहाव होता है,
हर बदलाव में एक स्थिरता छुपी रहती है।

यह संगीत हमें तब सुनाई देता है,
जब हम अपनी रोज़मर्रा की तेज़ी से रुककर
नदियों के किनारे बैठते हैं,
और उन लहरों की तरह
हमारे भीतर भी एक शांति का अवबोधन होता है।
यह हमें याद दिलाता है कि,
जैसे नदियाँ समय के साथ चलती हैं,
वैसे ही हमें भी अपनी राह पर
अपनी गति बनाए रखनी चाहिए,
चाहे रास्ता कितना भी कठिन क्यों न हो।

नदियाँ हमें यह भी सिखाती हैं,
कि हर कंकड़, हर पत्थर,
जो उनके रास्ते में आता है,
वह बाधा नहीं,
बल्कि एक अवसर है,
जीवन को और भी सुंदर बनाने का।
वह उन्हें अपने साथ बहाकर

नवीन दिशा में ले जाती हैं,
जैसे हमें भी अपनी परेशानियों और संघर्षों को
अपने विकास का हिस्सा बना लेना चाहिए।

नदियाँ, जिनकी यात्रा कभी खत्म नहीं होती,
हमें यह संदेश देती हैं
कि जीवन केवल एक यात्रा है,
जिसे हमें सहजता से स्वीकार करना है।
हर मोड़, हर उतराई, हर चढ़ाई
हमें अपने भीतर की ताकत को महसूस कराती है।
हर ठहराव हमें यह समझाता है
कि हमें कभी भी रुकना नहीं चाहिए,
बस बहते रहना चाहिए,
अपने जीवन के संगीत को सशक्त बनाते हुए।

नदियों का संगीत,
वह न कोई शब्द कहता है,
न कोई वादा करता है,
वह केवल हमें अपने अंतर्निहित गहरे अर्थ से
बेरोक-टोक जोड़ता है।
यह संगीत, जैसे जीवन का एक अनकहा सत्य है,
जो हमें याद दिलाता है कि
हम भी नदियों की तरह
अपने संघर्षों के बावजूद
समझदारी से बहते रहें,
ताकि हम खुद को और इस धरती को
एक सकारात्मक भविष्य दे सकें।

स्वच्छ हवा का झोंका

कभी, जब यह हवा हमें नशीली सी लगती थी,
जब वह हमारी साँसों में घुलकर
सर्दी और गर्मी की याद दिलाती थी,
हमने उसकी महक को पहचानने की कोशिश नहीं की।
अब, जब यह हवा हमें थपकियाँ देती है,
जब उसका स्पर्श हमारी त्वचा को छूकर
हमारे भीतर एक नई ऊर्जा का संचार करता है,
तो हम समझने लगते हैं
कि यह हवा केवल बयार नहीं,
यह जीवन का एक बहता हुआ गीत है।

वह हवा, जो कभी बंद दरवाजों से रुक जाती थी,
आज खुली खिड़कियों से घुस आती है,
जैसे कोई पुराना मित्र
जो समय के अंतराल से लौट आया हो।
यह हवा हमें यह अहसास दिलाती है
कि पृथ्वी ने अपनी सारी चुप्पी तोड़ी है,
कि उसने अपने जख्मों को भरने का संकल्प किया है,
और इस संकल्प में
वह हवा भी हमारी सहायक बन गई है।

स्वच्छ हवा का वह झोंका,
जो हमारे चेहरों पर हल्की सी मुस्कान लाता है,
वह एक साकारात्मक बदलाव का संकेत है।
जब हम उसे महसूस करते हैं,
तो यह हमारी आत्मा तक पहुंचता है,
जैसे वह हमारी चिंताओं को दूर कर देती हो,
हमारे दिलों को हल्का कर देती हो।
यह हवा अब हमें केवल मौसम का बदलाव नहीं,

बल्कि एक नई सोच का संदेश देती है।

वह हवा, जो अब हमें बिना किसी भय के घेरती है,
जिसमें प्रदूषण और धुंआ नहीं,
बल्कि शुद्धता की नमी है,
वह हमें बताती है कि बदलाव संभव है,
कि अगर हम चाहें, तो हर कष्ट को पीछे छोड़ सकते हैं।
यह हवा न केवल प्रकृति का,
बल्कि हमारे भीतर के बदलाव का प्रतीक है,
वह परिवर्तन जो अब और स्थिर नहीं,
बल्कि स्थायी बन चुका है।

इस हवा में, जो हर दिन अपनी यात्रा करती है,
एक नया संदेश छिपा हुआ है।
यह हमें अपनी जिम्मेदारियों की याद दिलाती है,
हमें यह समझने के लिए कि हमारी पृथ्वी,
हमारे बच्चों के लिए एक बेहतर भविष्य दे सकें,
हमारी हवाओं को फिर से साफ किया जाना चाहिए।
यह हवा हमें यह नहीं बताती कि क्या करना है,
बल्कि यह एक आह्वान है,
एक प्रेरणा है,
कि हमें अपने कार्यों में
स्वच्छता और संतुलन को शामिल करना होगा।

स्वच्छ हवा का यह झोंका
एक उम्मीद की तरह हमें छूता है,
यह हमें याद दिलाता है कि हम भी एक कड़ी का हिस्सा हैं,
जो इस धरती को फिर से सुन्दर और स्वस्थ बना सकता है।
हमें केवल अपनी सोच और अपनी आदतें बदलनी हैं,
ताकि यह हवा कभी भी रुकने न पाए,
हमारे जीवन में हमेशा चलती रहे,

जैसे वह जीवनदायिनी नदियाँ जो हमें जीवन देती हैं।

यह हवा हमें अपने भीतर एक नई दुनिया की ओर खींचती है,
वह दुनिया जहां शुद्धता, शांति और संतुलन
हमारे हर कदम का हिस्सा हो,
जहां हम न केवल अपने लिए,
बल्कि सभी के लिए जिम्मेदार हों।
स्वच्छ हवा का यह झोंका हमें यह याद दिलाता है
कि परिवर्तन केवल बाहरी नहीं,
हमारे भीतर की गहरी सोच का परिणाम होता है।

प्रकृति का हंसता आंगन

प्रकृति का हंसता आंगन
कहीं दूर, बगिया के उस कोने में,
जहाँ चहचहाहट होती है और रंग बिखरे होते हैं,
वह स्थान, जहाँ हर पेड़ अपनी शाखों से
सपने गिनता है।
जहाँ हवाएँ शांति से बहती हैं,
और धरती अपनी कोमल सोंधी गंध से
हमें जीवन का अहसास कराती है।

यह आंगन केवल फूलों का ही नहीं,
बल्कि हर जीव, हर कण का आंगन है।
यहाँ बिखरे हुए हैं अनगिनत छोटे-छोटे संदेश
जो जीवन के असली अर्थ को समझाते हैं।
यहाँ, रानी का फूल नहीं केवल अपना रंग छोड़ता,
बल्कि वह चुपके से कहता है,
"हमेशा अपनी खुशियाँ बांटो,
जैसे मैं अपनी पंखुड़ियाँ छोड़ता हूँ।"

यह आंगन जो ध्वनियों से गूंजता है,
यह सुनता है हवा की सरसराहट को,
यह सुनता है बत्तखों का गाना,
यह सुनता है दूर कहीं,
वह सीटी जो चिड़ीया की चहचहाहट में खो जाती है।
यहां हर कदम पर एक नयी सृष्टि है,
यहां प्रत्येक पौधा, प्रत्येक तिनका,
अपने अस्तित्व का उत्सव मना रहा है।

प्रकृति का हंसता आंगन
हमें नहीं केवल सौंदर्य देता है,

यह हमें हमारे अस्तित्व का अहसास भी कराता है,
कि हम भी इसी मिट्टी के हैं,
हम भी इसी हवा के हिस्से हैं।
यह हमें याद दिलाता है कि हम खुद को
उस पृथ्वी से जोड़े रखें,
जो हमें अपने अंचल में सहलाती है,
जो हमें अपनी संजीवनी देती है।

यह आंगन हमें अपनी जिम्मेदारी भी सौंपता है,
हमें बताता है कि हमारी मुस्कान,
हमारे छोटे-छोटे कार्य,
धरती के हर कोने में गूंज सकते हैं,
जैसे एक मुस्कान से समूची दुनिया रोशन हो सकती है।
हमें समझना होगा कि प्रकृति सिर्फ बाहरी नहीं,
यह हमारी आत्मा में समाई हुई है,
यह हमारी दृष्टि, हमारी चेतना का विस्तार है।

यह आंगन कभी खाली नहीं होता,
यह हर क्षण अपने रंग बदलता है,
यह हमें अपने हिस्से का कार्य याद दिलाता है,
ताकि यह आंगन हमेशा हंसता रहे,
ताकि यह हमेशा जीवित रहे,
ताकि हम अपनी धरती के लिए
अपने कर्तव्यों को न भूलें।

प्रकृति का यह हंसता आंगन
हमसे कुछ नहीं मांगता,
यह केवल हमें अपना हिस्सा देने का आह्वान करता है,
एक हिस्सा जो हम उसे देकर,
अपने जीवन को और बेहतर बना सकते हैं।
हमारे हाथों में यह आंगन बसा हुआ है,

हमारी सोच और हमारी जिम्मेदारी
इसकी मुस्कान और समृद्धि तय करती है।

पक्षियों की वापसी

वापस लौटते हैं पक्षी,
उनके पंखों में न कोई थकान, न कोई शिकायत।
यह एक यात्रा की शुरुआत नहीं,
बल्कि एक संघर्ष के बाद की शांति है।
वह समय की लहरों से,
धरती की धड़कन से गुजरते हुए,
अपनी दिशा को पहचानते हैं,
जैसे एक खोया हुआ घर
फिर से अपना रास्ता पाता है।

उनके लौटने की खुसबू में,
वह उम्मीद छिपी होती है,
जो हम खो चुके थे।
वे लौटते हैं अपनी नन्ही-नन्ही चोंचों से,
गगन के उन अंतहीन नीले सफेदी में,
जहाँ हमारे सपने भी ऊँचाई की तलाश में हैं।
वापसी, उनका कोई अनकहा गीत नहीं है,
बल्कि यह एक ठहरी हुई लय है,
जो अब तक समय की गिरफ्त में थी।

जैसे जब जीवन अपने असली रूप में लौटा है,
वैसे ही, ये पक्षी हमें अपनी वापसी से
किसी क़ीमती धरोहर की याद दिलाते हैं।
हमने उन्हें खो दिया था,
जब हमने हवा को अपवित्र किया था,
जब हमने आकाश को कैद किया था,
लेकिन अब वे फिर लौटते हैं,
हमारे ही आंगन में, अपने घरों में।

यह वापसी न केवल उनकी है,
यह हमारी भी वापसी है–
हमारे उस मूल स्थान की ओर,
जहाँ शांति थी, जहाँ गहरी खामोशी थी,
जहाँ एक सुरक्षित आश्रय था।
पक्षियों की यह वापसी,
एक संकेत है कि समय फिर से मुड़ सकता है,
एक संकेत है कि हम अपने बिखरे सपनों को
फिर से जोड़ सकते हैं।

वापसी, सिर्फ एक शुरुआत नहीं,
यह एक नया अध्याय है।
यह हमें यह महसूस कराता है कि
वह दिन अब दूर नहीं,
जब हम भी अपने हिस्से के आकाश में
अपनी उड़ान भरने के काबिल होंगे।
यह हमें यह सिखाता है कि
सच्चे घर वही होते हैं,
जहाँ हमारी आत्मा को शांति मिले,
जहाँ हमारी आवाजें एक साथ गूंजें।

जब वे लौटते हैं,
तो यह केवल प्रकृति का गीत नहीं,
यह एक चेतावनी भी है,
कि हम कितनी जल्दी भूले हैं,
क्या हमने अपनी ज़िंदगी में
कभी उन्हें सुना था, जो लौटने का रास्ता खोजते हैं।
यह हमें यह भी बताता है
कि अगर पक्षी लौट सकते हैं,
तो हम भी अपने घर वापस लौट सकते हैं,
जहाँ हमारी सच्चाई छिपी हुई है,

जहाँ हमारी परवाह की रचनाएँ बसी हैं।

यह वापसी केवल पक्षियों की नहीं,
यह हमारी भी है–
हमारी धरती की,
हमारी संस्कृति की,
हमारे आस्थाओं की।
जैसे वे वापस लौटते हैं,
हम भी उस ठहरे हुए शांतिपूर्ण आंगन में लौट सकते हैं,
जहाँ हर चिरपिंग,
हर उड़ान,
हर आवाज़
हमारे भीतर एक नई आशा और नयापन लाती है।

नया सूरज, नई आशा

नया सूरज उगता है,
अपने सुनहरे किरणों से धरती को छूता है,
लेकिन यह केवल एक ताजगी नहीं,
यह एक शाश्वत संकेत है–
हर अंधेरे के बाद
प्रकाश का आगमन।
यह सूरज
कभी सिर्फ़ आकाश में नहीं उठता,
यह हमारे भीतर
एक नई शुरुआत का उद्घोष करता है।

जब रात की चुप्पी में
आत्मा थक कर बैठ जाती है,
जब नफ़रत और भय
हमारे कदमों को जकड़ लेते हैं,
तब यह सूरज
अपनी रौशनी से
हमें याद दिलाता है कि
हम जीवन को फिर से संजो सकते हैं।
यह आशा की एक नई कहानी है,
जो हर सुबह
हमें लिखने को देती है।

नया सूरज कोई साधारण घटना नहीं है,
यह संघर्ष के बाद का विजयगीत है।
यह उस धैर्य का परिणाम है
जो हमारे दिलों में अनकहा था,
वह संकल्प जो हमारी नसों में बहता था।
जैसे दिन और रात का मिलन

एक अनकहा वादा होता है,
वैसे ही यह सूरज
हमारे प्रत्येक प्रलय के बाद
हमें एक नई उम्मीद की ओर बढ़ने का आह्वान करता है।

यह सूरज हमें यह नहीं बताता कि
हमारे भीतर कुछ अद्भुत है,
वह केवल हमें महसूस कराता है
कि जो कुछ भी हो,
हमारी आंतरिक शक्ति कभी समाप्त नहीं होती।
हमारे भीतर एक अनंत उजाला है,
जो समय के साथ धीरे-धीरे बाहर आता है,
जैसे अंधकार को हराने के लिए
हमारे हौसले का सूरज उगता है।

यह सूरज सिर्फ आकाश में नहीं,
हमारे भीतर हर दिन उगता है।
हर सुबह
हम अपने विचारों में
नई दुनिया के निर्माण के लिए तैयार होते हैं,
जैसे सूरज का हर सूर्योदय
धरती को नयी ऊर्जा देता है,
वैसे ही हमारे मन को
नया आत्मविश्वास, नया दृष्टिकोण मिलता है।

नया सूरज, नई आशा
हमारे विश्वास को फिर से मजबूत करता है,
वह हमें यह सिखाता है
कि जब तक सूरज उगता है,
हमारे पास उम्मीद है,
हमारे पास संघर्ष की शक्ति है,

हमारे पास अपने सपनों को साकार करने की क्षमता है।

इस सूरज के साथ,
हम अपने पुराने भय और संकोच को छोड़ सकते हैं,
हम अपने भविष्य के लिए नए कदम उठा सकते हैं।
यह सूरज, जो हर दिन नए रूप में उगता है,
हमें यह अहसास कराता है
कि हम भी एक नए रूप में
हर परिस्थिति से उबर सकते हैं।
हमारी आत्मा में वह जलन और प्रेरणा है
जो हमें सफलता की ओर मार्गदर्शन करती है।

नया सूरज, नई आशा
हमारे भीतर अनगिनत संभावना को जन्म देता है।
यह हमें न केवल पुनः विश्वास दिलाता है,
बल्कि यह हमें एक नई राह पर चलने के लिए प्रेरित करता है,
जहां हर कदम उम्मीद का,
हर सांस संघर्ष का,
और हर कार्य जीवन की नयी शुरुआत का प्रतीक है।

भर गए धरती के ज़ख्म

धरती के ज़ख्म, जो कभी गहरे थे,
अब भरने लगे हैं।
नहीं, यह कोई चमत्कारी घटना नहीं,
यह उन संघर्षों का परिणाम है
जो हमने अपने अस्तित्व के लिए किए।
हर दरार, हर घाव,
जो कभी ताजे थे,
अब जीवन के नए बीजों से लहराते हैं।
जैसे आकाश की रेखा
सपनों को जोड़ती है,
वैसे ही इन ज़ख्मों में
नई संभावनाओं की किरणें अब फैलने लगी हैं।

हमने कभी सोचा था कि
यह ज़ख्म कभी नहीं भरेंगे,
कि यह निशान हमारे साथ
हमेशा रहेंगे।
लेकिन जो दर्द कभी पहाड़ जैसा लगता था,
वह अब समतल होता जा रहा है,
जैसे कोई नदी धीरे-धीरे अपनी राह बदलती है,
पानी के शांत प्रवाह से
पृथ्वी की सतह को संजोते हुए।

भर गए धरती के ज़ख्म,
पर यह भरना केवल मिट्टी से नहीं था,
यह भरना था विश्वास से,
यह भरना था एक ठानी हुई इच्छा से
जो रुकने का नाम नहीं लेती।
यह मिट्टी, यह पेड़,

यह हर पत्ते का खिला हुआ रूप
हमारे भीतर के आक्रोश और संघर्ष का परिणाम है।
हर नाश्ते का पौधा,
हर पुनर्निर्माण का कदम
हमारी आधी सदी की ठानी हुई प्रेरणा का प्रतीक है।

हमने जो जलाया, वह राख नहीं है,
वह फसल बनने की प्रक्रिया है।
हमने जो खोया, वह केवल एक अध्याय था,
अभी बहुत कुछ लिखा जाना बाकी है।
धरती के ज़ख्म अब केवल यादें नहीं,
बल्कि साक्षी हैं हमारे सामूहिक पुनर्निर्माण के।
हर कंकर, हर पत्थर
अब एक नई नींव की तरह प्रतीत होते हैं।

हमारे भीतर की शक्ति,
हमारी जिजीविषा,
अब हर बीज के भीतर से उभरने लगी है,
जैसे पुराने घावों के ऊपर से
नई ताजगी आ रही हो।
धरती की तरह, हम भी अपने आप में
नए सिरे से जीवन की राह पर
आगे बढ़ने के लिए तैयार हैं।

भर गए धरती के ज़ख्म,
लेकिन यह भरने का तरीका था,
न कि छिपाने का।
हमने हर घाव को गले लगाया,
हर दर्द को एक कदम और बढ़ने के अवसर के रूप में लिया।
अब, जब हम चलते हैं,
तो हम केवल अपने उद्देश्य की ओर नहीं बढ़ते,

बल्कि हम उन ज़ख्मों की भी सच्चाई स्वीकार करते हैं,
जो हमें सिखाते हैं
कि नाजुकता और ताकत का मेल
हमारे भीतर है।

धरती के ज़ख्म भरने का यह समय है,
यह समय है शांति के उस अनुभव को महसूस करने का,
जो केवल संघर्ष के बाद आता है,
जो केवल संवेदनाओं से नहीं,
बल्कि हिम्मत से, उम्मीद से, और सहयोग से आता है।
हमने अपने ज़ख्मों को सींच लिया है,
अब वे नई ज़िन्दगी का भाग बन गए हैं।
धरती को जो शांति मिली,
वह हम सबके साझा संघर्ष का परिणाम है।